KB271738

30일 만에 끝내는

왕초보
핵심 best
중국어회화

지은이 **HD어학교재연구회**

외국어 초보자를 위한 단어&어휘 분야, 기초회화 등의 어학교재를 개발하고 기획 편집, 집필하였다. 주요 저서로는 <왕초보 생활 중국어 100> <왕초보 중한 단어사 전> <왕초보 한중 단어사전> <왕초보 중한·한중 필수단어사전> <왕초보를 위한 중국어회화 활용사전> 등이 있다.

30일 만에 끝내는
왕초보 핵심 best 중국어회화

지 은 이 HD어학교재연구회
본문편집 김현우
디 자 인 오르고(book@designer.korea.com)

펴 낸 날 2009년 4월 3일 초판 1쇄 인쇄
            2009년 4월 10일 초판 1쇄 발행
펴 낸 이 천재민
펴 낸 곳 하다북스
출 판 등 록 2003년 11월 4일 제9-124호
주   소 (142-802) 서울시 강북구 미아4동 5-21 경남상가 201호
전   화 영업부 (02)6221-3020 · 편집부 (02)6221-3021
팩   스 (02)6221-3040
홈 페 이 지 www.hadabook.com

copyright ⓒ2009 by Hadabooks
ISBN 978-89-92018-37-1 13720

* 가격은 뒤표지에 있습니다. 잘못된 책은 교환해 드립니다.

TALK! TALK! CHINESE!

하다북스

Can you speak Chinese?

상황별로 핵심을 가려 뽑은 실용적인 중국어 표현!
30일 매일매일, 핵심 생활중국어 앵무새처럼 따라하기!

이 책에서는 기초회화부터 일상생활의 다양한 장소에서 활용할 수 있는 핵심 표현까지 초보자를 위한 30일 완성 생활중국어를 모두 담았습니다. 기본 표현과 일상 표현, 장소 표현 등 일상회화에서 빈번하게 사용되는 정말 유용한 표현들입니다.

Part 1에서는 인사와 안부, 소개하기, 화젯거리, 축하와 기원의 말, 감정과 의견 표현 등 언제 어디서든지 우리의 생생한 느낌과 마음을 표현할 수 있는 기본 표현을 담았습니다.

Part 2에서는 전화하기, 약속과 만남, 취미와 관광, 자동차와 대중교통 등 상대방과의 의사소통과 각각의 상황에 적절하게 대응할 수 있는 일상 표현을 담았습니다.

TALK! TALK! CHINESE!

Part 3에서는 우체국과 은행, 식당과 쇼핑센터, 병원과 공공기관 등 우리의 생활과 밀접하게 관련 있는 다양한 장소에서 바로바로 활용할 수 있는 장소 표현을 담았습니다.

이 책에 들어있는 CD는 각 Part의 내용(day 1~day 30)마다 MP3 파일을 따로 구성하여 필요한 부분만 골라서 반복해서 들을 수 있습니다. 또한, 이 오디오 만 들어도 이 책의 모든 회화 표현을 듣고 말할 수 있도록 한국어 문장과 중국어 표현 모두를 원어민의 음성으로 녹음하였습니다. 30일 매일매일, 1day 씩 잘 듣고 큰 소리로 따라하다 보면 840개의 중국어 표현이 입에서 술술 나오게 됩니다.

Talk! Talk! 네이티브 중국어 한마디!
이제부터 입에 붙을 때까지 큰소리로 따라해 봅시다.

 CONTENTS

Part 3 장소 표현 Place

책속부록

TALK! TALK!
CHINESE!

PART

1

기본 표현

BASICS

1 day 인사와 안부

 일상적인 인사

① (친한 사람에게) 안녕.

你 好。
nǐ hǎo
니 하오

② 잘 지내세요?

你 过 得 好 吗？
nǐ guò de hǎo ma
니 꿔 더 하오 마

③ (오전) 안녕하세요.

早 上 好。
zǎo shàng hǎo
자오 쌍 하오

④ (오후) 안녕하세요.

下 午 好。
xià wǔ hǎo
씨아 우 하오

⑤ (저녁) 안녕하세요.

晚 上 好。
wǎn shàng hǎo
완 쌍 하오

⑥ 안녕히 주무세요.

晚 安。
wǎn ān
완 안

 **Let's Talk** 오랜만에 만났을 때

⑦ 정말 오래간만이에요.

好 久 不 见 啦。
hǎo jiǔ bú jiàn la
하오 지우 부 찌앤 라

⑧ 어떻게 지내세요?

你 过 得 怎 么 样?
nǐ guò de zěn me yàng
니 꿔 더 쩐 머 양

⑨ 정말 만나서 반가워요.

见 到 你 很 高 兴。
jiàn dào nǐ hěn gāo xìng
찌앤 따오 니 헌 까오 씽

⑩ 당신은 하나도 변하지 않았어요.

你 一 点 都 没 变。
nǐ yì diǎn dōu méi biàn
니 이 디앤 또우 메이 삐앤

Let's Talk 상대가 누구인지 잘 모를 때

⑪ 낯이 익은 것 같아요.

你 看 上 去 很 面 熟。
nǐ kàn shàng qù hěn miàn shú
니 칸 쌍 취 헌 미앤 수

⑫ 어딘가에서 본 것 같은 생각이 들어요.

我 好 像 在 哪 儿 见 过 你。
wǒ hǎo xiàng zài nǎr jiàn guò nǐ
워 하오 씨앙 짜이 날 찌앤 꿔 니

⑬ 우리 전에 만난 적 있지 않나요?

我 们 是 不 是 见 过 面 啊?
wǒ men shì bú shì jiàn guò miàn a
워 먼 쓰 부 쓰 찌앤 꿔 미앤 아

Let's Talk — 안부를 물을 때

⑭ 그동안 어떻게 지냈어요?

你 是 怎 么 过 的 ?
nǐ shì zěn me guò de
니 쓰 전 머 꿔 더

⑮ 요즘 별 일 없으시죠?

近 来 你 过 得 好 吗 ?
jìn lái nǐ guò de hǎo ma
찐 라이 니 꿔 더 하오 마

⑯ 사업은 잘 되세요?

你 事 业 顺 利 吗 ?
nǐ shì yè shùn lì ma
니 쓰 예 쑨 리 마

⑰ 가족들은 다 안녕하시죠?

你 家 人 都 好 吧 ?
nǐ jiā rén dōu hǎo ba
니 찌아 런 또우 하오 바

⑱ 모두들 잘 지내시나요?

大 家 都 好 吗 ?
dà jiā dōu hǎo ma
따 찌아 또우 하오 마

Let's Talk — 안부인사에 답할 때

⑲ 모두 잘 지내요.

大 家 过 得 都 很 好 。
dà jiā guò de dōu hěn hǎo
따 찌아 꿔 더 또우 헌 하오

⑳ 아주 좋아요. 모든 일이 다 잘 되고 있어요.

非 常 好 。 一 切 都 很 好 。
fēi cháng hǎo　　yí qiè dōu hěn hǎo
페이 창 하오　　이 치에 또우 헌 하오

㉑ 덕분에 잘 지내요.

托 你 的 福， 我 过 得 很 好。
tuō nǐ de fú　wǒ guò de hěn hǎo
투오 니 더 푸　워 꿔 더 헌 하오

㉒ 가족들은 모두 건강
하게 지내요.

我 家 人 都 很 好。
wǒ jiā rén dōu hěn hǎo
워 찌아 런 또우 헌 하오

㉓ 늘 똑같죠 뭐. 항상
바쁘네요.

老 样 子 啦。 一 直 都 很 忙。
lǎo yàng zi lā　yì zhí dōu hěn máng
라오 양 즈 라　이 즈 또우 헌 망

헤어질 때

㉔ 저는 이만 가야겠어
요.

我 该 走 了。
wǒ gāi zǒu le
워 까이 조우 러

㉕ 오늘 만나 뵙게 되서
반가웠어요.

今 天 见 到 你 很 高 兴。
jīn tiān jiàn dào nǐ hěn gāo xìng
찐 티앤 찌앤 따오 니 헌 까오 씽

㉖ 안녕히 가세요. 잘 지
내세요.

请 走 好。 保 重。
qǐng zǒu hǎo　bǎo zhòng
칭 조우 하오　바오 쫑

㉗ 잘 가요. 오늘 이야기
즐거웠어요.

走 好。 今 天 我 们 谈 得 很 开 心。
zǒu hǎo　jīn tiān wǒ men tán de hěn kāi xīn
조우 하오　찐 티앤 워 먼 탄 더 헌 카이 씬

㉘ 또 봐요. 연락할게요.

再 见。 我 给 你 打 电 话。
zài jiàn　wǒ gěi nǐ dǎ diàn huà
짜이 찌앤　워 게이 니 다 띠앤 화

2 day 소개하기

Let's Talk 통성명을 나눌 때

❶ 두 사람 전에 인사 나
눈 적 있으세요?

你们两个人以前见过面吗?
nǐ men liǎng gè rén yǐ qián jiàn guò miàn ma
니 먼 리앙 꺼 런 이 치앤 찌앤 꿔 미앤 마

❷ 인사를 나눈 적이 없
는 것 같군요.

我们以前好像没见过面。
wǒ men yǐ qián hǎo xiàng méi jiàn guò miàn
워 먼 이 치앤 하오 씨앙 메이 찌앤 꿔 미앤

❸ 실례지만, 성함이 어
떻게 되세요?

请问,您叫什么名字?
qǐng wèn nín jiào shén me míng zì
칭 원 닌 찌아오 선 머 밍 쯔

❹ 이름을 다시 말씀해
주세요.

请你再说一遍你的姓名。
qǐng nǐ zài shuō yí biàn nǐ de xìng míng
칭 니 짜이 쑤오 이 삐앤 니 더 씽 밍

Let's Talk 자신을 소개할 때

❺ 제 소개를 할게요.

我来做一下自我介绍吧。
wǒ lái zuò yí xià zì wǒ jiè shào ba
워 라이 쭤 이 씨아 쯔 워 찌에 싸오 바

⑥ 안녕하세요? 저는 이 수진입니다.

大 家 好 ? 我 是 李 秀 真 。
dà jiā hǎo　wǒ shì lǐ xiù zhēn
따 찌아 하오　워 쓰 리 씨우 쩐

⑦ 그냥 수진이라고 부르세요.

请 叫 我 秀 真 好 了 。
qǐng jiào wǒ xiù zhēn hǎo le
칭 찌아오 워 씨우 쩐 하오 러

⑧ 저는 서울에서 태어나고 자랐어요.

我 生 长 在 首 尔 。
wǒ shēng zhǎng zài shǒu ěr
워 썽 장 짜이 소우 얼

처음 만나서 인사 나눌 때

⑨ 만나서 반가워요.

认 识 你 很 高 兴 。
rèn shi nǐ hěn gāo xìng
런 스 니 헌 까오 씽

⑩ 만나서 영광입니다.

认 识 你 很 荣 幸 。
rèn shi nǐ hěn róng xìng
런 스 니 헌 롱 씽

⑪ 저야말로 영광입니다.

我 也 很 荣 幸 认 识 你 。
wǒ yě hěn róng xìng rèn shi nǐ
워 이에 헌 롱 씽 런 스 니

⑫ 처음 뵙는 것 같아요.

我 们 不 曾 见 过 面 。
wǒ men bù céng jiàn guò miàn
워 먼 뿌 청 찌앤 꿔 미앤

⑬ 당신을 만나게 되어 매우 기뻐요.

认 识 你 我 非 常 高 兴 。
rèn shi nǐ wǒ fēi cháng gāo xìng
런 스 니 워 페이 창 까오 씽

 가족이나 다른 사람을 소개할 때

❹ 소개해 주고 싶은 사람이 있어요.

我 想 介 绍 一 个 人 给 你。
wǒ xiǎng jiè shào yí gè rén gěi nǐ
워 시앙 찌에 싸오 이 꺼 런 게이 니

❺ 당신을 모두에게 소개할게요.

我 要 把 你 介 绍 给 大 家。
wǒ yào bǎ nǐ jiè shào gěi dà jiā
워 야오 바 니 찌에 싸오 게이 따 찌아

❻ 이 분은 영업부의 왕 핑 씨입니다.

这 位 是 销 售 部 的 王 平 先 生。
zhè wèi shì xiāo shòu bù de wáng píng xiān sheng
쩌 웨이 쓰 씨아오쏘우 뿌 더 왕 핑 씨앤 성

❼ 그는 나의 동료입니다.

他 是 我 的 同 事。
tā shì wǒ de tóng shì
타 쓰 워 더 통 쓰

❽ 왕하오 씨, 제 아내입니다.

王 浩 先 生, 这 是 我 太 太。
wánghào xiān sheng zhè shì wǒ tài tai
왕 하오 씨앤 성 쩌 쓰 워 타이 타이

❾ 이분은 저의 아버님이십니다.

这 位 是 我 的 父 亲。
zhè wèi shì wǒ de fù qīn
쩌 웨이 쓰 워 더 푸 친

 소개를 받았을 때

⓴ 말씀 많이 들었어요.

久 仰 您 的 大 名。
jiǔ yǎng nín de dà míng
지우 양 닌 더 따 밍

㉑ 알아요. 새로 오신 분이시죠?

我 知 道。你 是 新 来 的 吧?
wǒ zhī dào　nǐ shì xīn lái de ba
워 쯔 따오　니 쓰 씬 라이 더 바

㉒ 우리 좀 더 자주 만나요.

我 们 经 常 见 面 吧。
wǒ men jīng cháng jiàn miàn ba
워 먼 찡 창 찌앤 미앤 바

㉓ 당신과 더 친해졌으면 좋겠어요.

我 希 望 我 们 能 相 处 得 更 好。
wǒ xī wàng wǒ men néng xiāng chù de gèng hǎo
워 씨 왕 워 먼 넝 씨앙 추 더 껑 하오

Let's
Talk 다시 만나기를 바랄 때

㉔ 연락하고 지내요.

我 们 要 保 持 联 络 呀。
wǒ men yào bǎo chí lián luò yā
워 먼 야오 바오 츠 리앤 뤄 야

㉕ 나중에 또 봐요.

改 天 见。
gǎi tiān jiàn
가이 티앤 찌앤

㉖ 곧 만납시다.

我 们 快 点 见 面 吧。
wǒ men kuài diǎn jiàn miàn ba
워 먼 콰이 디앤 찌앤 미앤 바

㉗ 그 때가 기다려지는군요.

我 很 期 盼 那 一 天。
wǒ hěn qī pàn nà yì tiān
워 헌 치 판 나 이 티앤

㉘ 당신과 어떻게 하면 연락할 수 있어요?

我 怎 么 跟 你 联 络 呢?
wǒ zěn me gēn nǐ lián luò ne
워 전 머 껀 니 리앤 뤄 너

3 day 개인의 신상

Talk! Talk! Chinese!

Let's Talk 가족 관계에 대해

① 부모님과 같이 사세요?

你 跟 父 母 亲 一 起 住 吗？
nǐ gēn fù mǔ qīn yì qǐ zhù ma
니 껀 푸 무 친 이 치 쭈 마

② 저는 가족들과 떨어져 지내요.

我 离 开 家 一 个 人 住。
wǒ lí kāi jiā yí gè rén zhù
워 리 카이 찌아 이 꺼 런 쭈

③ 식구는 몇 분이세요?

你 家 有 几 口 人 啊？
nǐ jiā yǒu jǐ kǒu rén a
니 찌아 요우 지 코우 런 아

④ 형제가 있나요?

你 有 兄 弟 姐 妹 吗？
nǐ yǒu xiōng dì jiě mèi ma
니 요우 씨옹 띠 지에 메이 마

⑤ 저는 형제가 없어요.

我 没 有 兄 弟 姐 妹。
wǒ méi yǒu xiōng dì jiě mèi
워 메이 요우 씨옹 띠 지에 메이

⑥ 저는 누나와 두 형이 있어요.

我 有 姐 姐 和 两 个 哥 哥。
wǒ yǒu jiě jie hé liǎng gè gē ge
워 요우 지에 지에 허 리앙 꺼 꺼 거

결혼에 대해

⑦ 저는 결혼했어요.

我 结 婚 了。
wǒ jié hūn le
워 지에 훈 러

⑧ 우리는 결혼한 지 3 년이 됐어요.

我 们 结 婚 三 年 了。
wǒ men jié hūn sān nián le
워 먼 지에 훈 싼 니앤 러

⑨ 저는 딸이 하나 있어요.

我 有 一 个 女 儿。
wǒ yǒu yí gè nǚ ér
워 요우 이 꺼 뉘 얼

⑩ 저는 아직 제게 딱 맞는 상대를 찾고 있어요.

我 正 在 找 跟 我 相 配 的 人。
wǒ zhèng zài zhǎo gēn wǒ xiāng pèi de rén
워 쩡 짜이 자오 껀 워 씨앙 페이 더 런

고향이나 출신지에 대해

⑪ 어디 출신이세요?

你 是 哪 儿 的 人 啊?
nǐ shì nǎr de rén a
니 쓰 날 더 런 아

⑫ 저는 상하이 출신이에요.

我 来 自 上 海。
wǒ lái zì shàng hǎi
워 라이 쯔 쌍 하이

⑬ 친척들이 거의 상하이에 살고 있어요.

亲 戚 们 差 不 多 都 住 在 上 海。
qīn qī men chà bù duō dōu zhù zài shàng hǎi
친 치 먼 차 뿌 뚜오 또우 쭈 짜이 쌍 하이

사는 곳에 대해

⑭ 어디에 사세요?

你 住 在 哪 里 啊？
nǐ zhù zài nǎ lǐ a
니 쭈 짜이 나 리 아

⑮ 단독주택에 사세요,
아파트에 사세요?

是 独 门 独 院 还，是 公 寓 啊？
shì dú mén dú yuàn hái shì gōng yù a
쓰 두 먼 두 위앤 하이 쓰 꽁 위 아

⑯ 저는 이곳에서 3년째
살고 있어요.

我 在 这 里 住 了 三 年 了。
wǒ zài zhè lǐ zhù le sān nián le
워 짜이 쩌 리 쭈 러 싼 니앤 러

⑰ 저는 이 동네가 마음
에 들어요.

我 喜 欢 住 这 一 带。
wǒ xǐ huān zhù zhè yí dài
워 시 후안 쭈 쩌 이 따이

신체에 대해

⑱ 저는 통통해요.

我 有 点 胖。
wǒ yǒu diǎn pàng
워 요우 디앤 팡

⑲ 날씬하시군요.

你 真 苗 条 啊。
nǐ zhēn miáo tiáo a
니 쩐 미아오티아오 아

⑳ 키가 크시네요.

你 个 子 真 高 啊。
nǐ gè zi zhēn gāo a
니 꺼 즈 쩐 까오 아

㉑ 체격이 좋으시네요.

你 体 格 真 好 啊。
nǐ tǐ gé zhēn hǎo a
니 티 거 쩐 하오 아

㉒ 저는 화장을 거의 하지 않아요.

我 儿 乎 不 化 妆。
wǒ jī hū bú huà zhuāng
워 찌 후 부 화 쭈앙

㉓ 제 키가 좀 더 컸으면 좋겠어요.

我 希 望 个 子 再 高 一 点。
wǒ xī wàng gè zi zài gāo yī diǎn
워 씨 왕 꺼 즈 짜이 까오 이 디앤

Let's Talk 직업에 대해

㉔ 무슨 일을 하세요?

你 做 什 么 工 作 啊?
nǐ zuò shén me gōng zuò a
니 쭤 선 머 꿍 쭤 아

㉕ 저는 자영업을 하고 있어요.

我 自 己 开 公 司。
wǒ zì jǐ kāi gōng sī
워 쯔 지 카이 꿍 쓰

㉖ 직책은 어떻게 되세요?

你 的 职 位 是 什 么 啊?
nǐ de zhí wèi shì shén me a
니 더 즈 웨이 쓰 선 머 아

㉗ 저는 총지배인을 맡고 있어요.

我 是 总 经 理。
wǒ shì zǒng jīng lǐ
워 쓰 종 찡 리

㉘ 저는 파트타임으로 일해요.

我 按 小 时 打 工。
wǒ àn xiǎo shí dǎ gōng
워 안 시아오 스 다 꿍

1. 잘 지내세요?

2. 정말 오래간만이에요.

3. 사업은 잘 되세요?

4. 모두 잘 지내요.

5. 안녕하세요? 저는 이수진입니다.

6. 만나서 반가워요.

7. 연락하고 지내요.

8. 식구는 몇 분이세요?

9. 어디에 사세요?

10. 무슨 일을 하세요?

정답

1 你过得好吗？ 2 好久不见啦。 3 你事业顺利吗？ 4 大家过得都很好。 5 大家好? 我是李秀真。 6 认识你很高兴。 7 我们要保持联络呀。 8 你家有几口人啊？ 9 你住在哪里啊？ 10 你做什么工作啊？

다음에 나오는 중국어가 무슨 뜻인지 우리말로 말해보세요.

1. 你过得怎么样？

2. 你家人都好吧？

3. 我家人都很好。

4. 走好。今天我们谈得很开心。

5. 这位是我的父亲。

6. 久仰您的大名。

7. 我们快点见面吧。

8. 你有兄弟姐妹吗？

9. 我结婚了。

10. 你个子真高啊。

● 정답

1 어떻게 지내세요？ 2 가족들은 다 안녕하시죠？ 3 가족들은 모두 건강하게 지내요.
4 잘 가요. 오늘 이야기 즐거웠어요. 5 이분은 저의 아버님이십니다. 6 말씀 많이
들었어요. 7 곧 만납시다. 8 형제가 있나요？ 9 저는 결혼했어요. 10 키가
크시네요.

1

매우 만족해요.
我 很 满 足。
wǒ hěn mǎn zú
워 헌 만 주

2

도무지 믿어지지가 않아!
真 是 难 以 相 信。
zhēn shì nán yǐ xiāng xìn
쩐 쓰 난 이 씨앙 씬

3

정말 걱정돼요.
我 很 担 心。
wǒ hěn dān xīn
워 헌 딴 씬

4

지금 초조해요.
我 现 在 很 着 急。
wǒ xiàn zài hěn zháo jí
워 씨앤 짜이 헌 자오 지

5

무척 긴장돼요.
我 很 紧 张。
wǒ hěn jǐn zhāng
워 헌 진 짱

6

마음이 아파요.
我 很 心 痛。
wǒ hěn xīn tòng
워 헌 씬 통

7

너무 괴로워요.
我 很 痛 苦。
wǒ hěn tòng kǔ
워 헌 통 쿠

8

나에게 미래는 없어요.
我 没 有 将 来。
wǒ méi yǒu jiāng lái
워 메이 요우 찌앙 라이

9

아무 희망이 없어요.

也 没 有 希 望。
yě méi yǒu xī wàng
이에 메이 요우 씨 왕

10

슬픈 일이에요.

非 常 令 人 伤 心。
fēi cháng lìng rén shāng xīn
페이 창 링 런 쌍 씬

11

실망하지 마세요.

别 泄 气。
bié xiè qì
비에 씨에 치

12

힘드시겠어요.

你 一 定 很 难 过。
nǐ yí dìng hěn nán guò
니 이 띵 헌 난 꿔

13

기운 내세요.

振 作 起 来 吧。
zhèn zuò qǐ lái ba
쩐 쭤 치 라이 바

14

너무 상심하지 마세요.

不 要 太 伤 心 了。
bú yào tài shāng xīn le
부 야오 타이 쌍 씬 러

15

저는 당신 편이에요.

我 支 持 你。
wǒ zhī chí nǐ
워 쯔 츠 니

16

당신에겐 우리가 있어요.

我 们 都 支 持 你。
wǒ men dōu zhī chí nǐ
워 먼 또우 쯔 츠 니

4 day 시간과 날짜

Talk! Talk! Chinese!

 시간을 묻거나 알려줄 때

① 지금 몇 시인가요?

现 在 几 点 了?
xiàn zài jǐ diǎn le
씨앤 짜이 지 디앤 러

② 7시 정각이에요.

七 点 整。
qī diǎn zhěng
치 디앤 정

③ 11시 15분이에요.

十 一 点 十 五 分。
shí yī diǎn shí wǔ fēn
스 이 디앤 스 우 펀

④ 6시가 조금 넘었어요.

六 点 多 了。
liù diǎn duō le
리우 디앤 뚜오 러

 시계에 대해 말할 때

⑤ 당신 시계는 정확한가요?

你 的 表 准 吗?
nǐ de biǎo zhǔn ma
니 더 비아오 준 마

⑥ 제 시계는 5분 빠르
네요.

我 的 表 快 五 分 钟。
wǒ de biǎo kuài wǔ fēn zhōng
워 더 비아오 콰이 우 펀 쫑

⑦ 제 시계는 고장 났어
요.

我 的 表 坏 了。
wǒ de biǎo huài le
워 더 비아오 화이 러

⑧ 제 시계는 5분 느리
네요.

我 的 表 慢 五 分 钟。
wǒ de biǎo màn wǔ fēn zhōng
워 더 비아오 만 우 펀 쫑

Let's Talk

시간이나 기간을 알고 싶을 때

⑨ 몇 시인지 알려주시
겠어요?

请 问 现 在 几 点?
qǐng wèn xiàn zài jǐ diǎn
칭 원 씨앤 짜이 지 디앤

⑩ 오늘 몇 시까지 일할
거예요?

今 天 你 工 作 到 几 点?
jīn tiān nǐ gōng zuò dào jǐ diǎn
찐 티앤 니 꽁 쭤 따오 지 디앤

⑪ 내일 시간 있으세요?

明 天 你 有 时 间 吗?
míng tiān nǐ yǒu shí jiān ma
밍 티앤 니 요우 스 찌앤 마

⑫ 일주일간 휴가를 얻
을 수 있을까요?

你 能 请 一 周 的 假 吗?
nǐ néng qǐng yì zhōu de jià ma
니 넝 칭 이 쪼우 더 찌아 마

⑬ 저는 8월 15일에 돌
아올 거예요.

我 八 月 十 五 号 回 来。
wǒ bā yuè shí wǔ hào huí lai
워 빠 위에 스 우 하오 후이 라이

Let's Talk — 날짜나 요일을 물을 때

⑭ 오늘이 며칠인가요?
今 天 几 号 啊？
jīn tiān jǐ hào a
찐 티앤 지 하오 아

⑮ 모레가 무슨 날이에요?
后 天 是 什 么 日 子 啊？
hòu tiān shì shén me rì zi a
호우 티앤 쓰 선 머 르 즈 아

⑯ 다음 주 화요일이 며칠인가요?
下 周 四 是 几 号 啊？
xià zhōu sì shì jǐ hào a
씨아 쪼우 쓰 쓰 지 하오 아

⑰ 오늘 무슨 요일인가요?
今 天 星 期 几？
jīn tiān xīng qī jǐ
찐 티앤 씽 치 지

⑱ 오늘은 금요일이에요.
今 天 星 期 五。
jīn tiān xīng qī wǔ
찐 티앤 씽 치 우

⑲ 19일이 무슨 요일인가요?
十 九 号 是 星 期 几 啊？
shí jiǔ hào shì xīng qī jǐ a
스 지우 하오 쓰 씽 치 지 아

 Let's Talk — 특별한 날을 기억할 때

⑳ 오늘이 특별한 날인가요?
今 天 是 什 么 特 别 的 日 子 吗？
jīn tiān shì shén me tè bié de rì zi ma
찐 티앤 쓰 선 머 터 비에 더 르 즈 마

㉑ 크리스마스는 무슨 요일인가요?

圣 诞 节 是 礼 拜 儿 啊？
shèng dàn jié shì lǐ bài jǐ a
썽 딴 지에 쓰 리 빠이 지 아

㉒ 방학이 언제부터에요?

你 什 么 时 候 开 始 放 假？
nǐ shén me shí hòu kāi shǐ fàng jià
니 선 머 스 호우 카이 스 팡 찌아

㉓ 달력을 확인해 보겠어요.

我 要 看 看 日 历。
wǒ yào kàn kan rì lì
워 야오 칸 칸 르 리

시간을 재촉할 때

㉔ 시간이 됐어요.

时 间 到 了。
shí jiān dào le
스 찌앤 따오 러

㉕ 정확히 7시에 나갈 거예요.

我 七 点 整 出 去。
wǒ qī diǎn zhěng chū qù
워 치 디앤 정 추 취

㉖ 서둘러요. 시간이 없어요.

快 点。 时 间 来 不 及 了。
kuài diǎn shí jiān lái bù jí le
콰이 디앤 스 찌앤 라이 뿌 지 러

㉗ 서두를 필요 없어요. 시간이 충분해요.

没 必 要 快。 时 间 来 得 及。
méi bì yào kuài shí jiān lái de jí
메이 삐 야오 콰이 스 찌앤 라이 더 지

㉘ 제 생각에는 좀 돌아가는 것 같은데요.

我 看 你 是 绕 路 了。
wǒ kàn nǐ shì rào lù le
워 칸 니 쓰 라오 루 러

5 day

화젯거리

Let's Talk 외모나 옷차림에 대해

❶ 정말 예쁘세요.

你 真 漂 亮 啊。
nǐ zhēn piào liàng a
니 쩐 피아오리앙 아

❷ 당신은 자연스런 아름다움이 있어요.

你 有 着 一 种 自 然 美。
nǐ yǒu zhe yì zhǒng zì rán měi
니 요우 저 이 정 쯔 란 메이

❸ 나이에 비해 젊어 보이세요.

你 看 上 去 很 年 轻。
nǐ kàn shàng qù hěn nián qīng
니 칸 쌍 취 헌 니앤 칭

❹ 보조개가 예쁘시네요.

你 的 酒 窝 好 漂 亮。
nǐ de jiǔ wō hǎo piào liàng
니 더 지우 워 하오 피아오리앙

Let's Talk 날씨와 계절에 대해

❺ 너무 화창한 날씨군요.

真 是 个 晴 朗 的 好 天 气 呀。
zhēn shì gè qíng lǎng de hǎo tiān qì ya
쩐 쓰 꺼 칭 랑 더 하오 티앤 치 야

⑥ 비가 올 것 같아요.

好 像 要 下 雨。
hǎo xiàng yào xià yǔ
하오 씨앙 야오 씨아 위

⑦ 오늘은 좀 쌀쌀해요.

今 天 天 气 凉 飕 飕 的。
jīn tiān tiān qì liáng sōu sōu de
찐 티앤 티앤 치 리앙 쏘우 쏘우 더

⑧ 오늘 첫눈이 올 거래요.

听 说 今 天 会 下 第 一 场 雪。
tīng shuō jīn tiān huì xià dì yī chǎng xuě
팅 쑤오 찐 티앤 후이 씨아 띠 이 창 쉬에

⑨ 봄과 가을이 가장 좋은 계절이에요.

春 天 和 秋 天 是 最 好 的 季 节。
chūn tiān hé qiū tiān shì zuì hǎo de jì jié
춘 티앤 허 치우 티앤 쓰 쭈이 하오 더 찌 지에

Let's Talk 직장과 업무에 대해

⑩ 정말 멋진 직업이군요.

真 是 一 个 很 棒 的 工 作 呀。
zhēn shì yí gè hěn bàng de gōng zuò ya
쩐 쓰 이 꺼 헌 빵 더 꽁 쭤 야

⑪ 저는 지금 하는 일에 만족하고 있어요.

我 对 现 在 的 工 作 很 满 意。
wǒ duì xiàn zài de gōng zuò hěn mǎn yì
워 뚜이 씨앤 짜이 더 꽁 쭤 헌 만 이

⑫ 이 일을 하신 지는 얼마나 되셨어요?

你 做 这 个 工 作 多 久 了?
nǐ zuò zhè gè gōng zuò duō jiǔ le
니 쭤 쩌 꺼 꽁 쭤 뚜오 지우 러

⑬ 사무실은 어디에 있어요?

办 公 室 在 哪 里 啊?
bàn gōng shì zài nǎ lǐ a
빠 꽁 쓰 짜이 나 리 아

⑭ 저는 낙천주의자예요.

我 是 个 乐 观 主 义 者。
wǒ shì gè lè guān zhǔ yì zhě
워 쓰 꺼 러 꾸안 주 이 저

⑮ 저는 덜렁대는 편이에요.

我 性 格 很 马 虎。
wǒ xìng gé hěn mǎ hu
워 씽 거 헌 마 후

⑯ 저는 그렇게 사교적이지 못해요.

我 性 格 不 太 开 朗。
wǒ xìng gé bú tài kāi lǎng
워 씽 거 부 타이 카이 랑

⑰ 저는 개방적이에요.

我 性 格 开 放。
wǒ xìng gé kāi fàng
워 씽 거 카이 팡

⑱ 저는 밝고 쾌활하다는 소리를 많이 들어요.

人 们 说 我 性 格 开 朗 活 泼。
rén men shuō wǒ xìng gé kāi lǎng huó pō
런 먼 쑤오 워 씽 거 카이 랑 후오 포

⑲ 저는 규칙적으로 운동을 해요.

我 有 规 律 地 锻 炼 身 体。
wǒ yǒu guī lǜ de duàn liàn shēn tǐ
워 요우 꾸이 뤼 더 뚜안 리앤 썬 티

⑳ 저는 지금 다이어트 중이에요.

我 现 在 在 减 肥 呢。
wǒ xiàn zài zài jiǎn féi ne
워 씨앤 짜이 짜이 지앤 페이 너

㉑ 저는 건강이 좋지 않아요.

我 身 体 不 太 好 。
wǒ shēn tǐ bú tài hǎo
워 썬 티 부 타이 하오

㉒ 저는 담배를 끊었어요.

我 戒 烟 了 。
wǒ jiè yān le
워 찌에 이앤 러

㉓ 저는 술을 줄이려고 노력 중이에요.

我 在 努 力 尽 量 少 喝 酒 。
wǒ zài nǔ lì jìn liàng shǎo hē jiǔ
워 짜이 누 리 찐 리앙 사오 허 지우

타인의 평가

㉔ 그 사람은 성격이 좋아요.

他 性 格 很 好 。
tā xìng gé hěn hǎo
타 씽 거 헌 하오

㉕ 그는 다혈질이에요.

他 脾 气 暴 燥 。
tā pí qì bào zào
타 피 치 빠오 짜오

㉖ 그는 너무 보수적이에요.

他 太 保 守 了 。
tā tài bǎo shǒu le
타 타이 바오 소우 러

㉗ 그녀는 허풍쟁이에요.

她 是 个 吹 牛 大 王 。
tā shì gè chuī niú dà wáng
타 쓰 꺼 추이 니우 따 왕

㉘ 그녀는 좀 수줍어하는 것 같아요.

她 好 像 有 点 害 羞 。
tā hǎo xiàng yǒu diǎn hài xiū
타 하오 씨앙 요우 디앤 하이 씨우

6 day 축하와 기원

Let's Talk 승진이나 합격 축하

① 승진을 축하드립니다.

恭 喜 你 高 升。
gōng xǐ nǐ gāo shēng
꽁 시 니 까오 썽

② 성공을 축하드립니다.

恭 喜 你 成 功。
gōng xǐ nǐ chéng gōng
꽁 시 니 청 꽁

③ 승리를 자축해요!

我 们 来 庆 祝 胜 利 吧!
wǒ men lái qìng zhù shèng lì ba
워 먼 라이 칭 쭈 썽 리 바

④ 축하해요! 저도 기뻐요.

恭 喜 恭 喜! 我 也 很 高 兴。
gōng xǐ gōng xǐ wǒ yě hěn gāo xìng
꽁 시 꽁 시 워 이에 헌 까오 씽

⑤ 대학교에 합격한 것을 축하해요.

恭 喜 你 考 上 了 大 学。
gōng xǐ nǐ kǎo shàng le dà xué
꽁 시 니 카오 쌍 러 따 쉬에

⑥ 시험에 합격한 것을 축하해요.

恭 喜 你 通 过 了 考 试。
gōng xǐ nǐ tōng guò le kǎo shi
꽁 시 니 통 꿔 러 카오 쓰

생일이나 기념일 축하

❼ 생일을 축하해요.

祝 你 生 日 快 乐。
zhù nǐ shēng rì kuài lè
쭈 니 썽 르 콰이 러

❽ 만수무강하세요.

祝 您 健 康 长 寿。
zhù nín jiàn kāng cháng shòu
쭈 닌 찌앤 캉 창 쏘우

❾ 결혼기념일을 축하
해요.

祝 贺 结 婚 纪 念 日。
zhù hè jié hūn jì niàn rì
쭈 허 지에 훈 찌 니앤 르

❿ 은혼식을 축하드립
니다.

恭 喜 银 婚。
gōng xǐ yín hūn
꽁 시 인 훈

결혼과 출산 축하

⓫ 결혼을 축하해요.

恭 喜 你 结 婚。
gōng xǐ nǐ jié hūn
꽁 시 니 지에 훈

⓬ 두 사람 행복하길 빌
어요.

祝 你 们 两 位 幸 福。
zhù nǐ men liǎng wèi xìng fú
쭈 니 먼 리앙 웨이 씽 푸

⓭ 출산을 축하해요.

恭 喜 你 生 下 了 一 个 宝 宝。
gōng xǐ nǐ shēng xià le yí gè bǎo bao
꽁 시 니 썽 씨아 러 이 꺼 바오 바오

칭찬할 때

⑭ 아주 잘하고 있어요.

你 做 得 很 好。
nǐ zuò de hěn hǎo
니 쭤 더 헌 하오

⑮ 능력이 대단하시군
요.

你 真 有 能 力。
nǐ zhēn yǒu néng lì
니 쩐 요우 넝 리

⑯ 당신은 상 받을 자격
이 있어요.

这 个 奖 是 你 应 得 的。
zhè gè jiǎng shì nǐ yīng dé de
쩌 꺼 지앙 쓰 니 잉 더 더

⑰ 네가 정말 자랑스럽
구나.

我 真 为 你 骄 傲。
wǒ zhēn wèi nǐ jiāo ào
워 쩐 웨이 니 찌아오아오

명절과 새해 인사

⑱ 즐거운 명절 되세요.

祝 你 节 日 快 乐。
zhù nǐ jié rì kuài lè
쭈 니 지에 르 콰이 러

⑲ 즐거운 크리스마스
되세요.

祝 你 圣 诞 快 乐。
zhù nǐ shèng dàn kuài lè
쭈 니 썽 딴 콰이 러

⑳ 새해 복 많이 받으세
요.

新 年 快 乐。
xīn nián kuài lè
씬 니앤 콰이 러

㉑ 새해에는 모든 행운이 깃들기를!

祝 你 新 年 大 吉 大 利！
zhù nǐ xīn nián dà jí dà lì
쭈 니 씬 니앤 따 지 따 리

㉒ 더 나은 해가 되길 바랄게요.

祝 你 新 年 进 步。
zhù nǐ xīn nián jìn bù
쭈 니 씬 니앤 찐 뿌

기원이나 소망의 말

㉓ 행운을 빌어요!

祝 你 好 运！
zhù nǐ hǎo yùn
쭈 니 하오 윈

㉔ 좋은 일만 가득하길 빌어요.

祝 你 好 事 多 来。
zhù nǐ hǎo shì duō lái
쭈 니 하오 쓰 뚜오 라이

㉕ 모든 일이 잘 되길 바랄게요.

祝 你 万 事 如 意。
zhù nǐ wàn shì rú yì
쭈 니 완 쓰 루 이

㉖ 항상 기쁜 일만 가득하길 빌게요.

祝 你 永 远 快 乐。
zhù nǐ yǒng yuǎn kuài lè
쭈 니 용 위앤 콰이 러

㉗ 당신은 크게 성공하실 거예요.

你 一 定 会 成 功。
nǐ yí dìng huì chéng gōng
니 이 띵 후이 청 꽁

㉘ 당신의 삶이 항상 행복하길 바랄게요.

祝 你 生 活 幸 福。
zhù nǐ shēng huó xìng fú
쭈 니 썽 후오 씽 푸

1. 지금 몇 시인가요?

2. 내일 시간 있으세요?

3. 오늘은 금요일이에요.

4. 나이에 비해 젊어 보이세요.

5. 비가 올 것 같아요.

6. 그 사람은 성격이 좋아요.

7. 성공을 축하드립니다.

8. 생일을 축하해요.

9. 결혼을 축하해요.

10. 좋은 일만 가득하길 빌어요.

— 정답

1 现在几点了？　2 明天你有时间吗？　3 今天星期五。　4 你看上去很年轻。　5 好像要下雨。　6 他性格很好。　7 恭喜你成功。　8 祝你生日快乐。　9 恭喜你结婚。　10 祝你好事多来。

다음에 나오는 중국어가 무슨 뜻인지 우리말로 말해보세요.

1. 你的表准吗?

2. 今天几号啊?

3. 时间到了。

4. 我现在在减肥呢。

5. 我戒烟了。

6. 他脾气暴燥。

7. 恭喜你高升。

8. 你真有能力。

9. 新年快乐。

10. 祝你好运!

● 정답

1 당신 시계는 정확한가요?　2 오늘이 며칠인가요?　3 시간이 됐어요.　4 저는 지금 다이어트 중이에요.　5 저는 담배를 끊었어요.　6 그는 다혈질이에요.　7 승진을 축하드립니다.　8 능력이 대단하시군요.　9 새해 복 많이 받으세요.　10 행운을 빌어요!

1

자신을 믿으세요.
请 你 相 信 自 己。
qǐng nǐ xiāng xìn zì jǐ
칭 니 씨앙 씬 쯔 지

2

더 잘될 거라고 확신해요.
你 会 更 好 的。
nǐ huì gēng hǎo de
니 후이 껑 하오 더

3

실망하지 마세요.
不 要 泄 气。
bú yào xiè qì
부 야오 씨에 취

4

당신 화났어요?
你 生 气 了 吗？
nǐ shēng qì le ma
니 썽 치 러 마

5

입 닥쳐!
闭 嘴！
bì zuǐ
삐 주이

6

여기서 썩 꺼져버려!
给 我 滚 出 去！
gěi wǒ gǔn chū qù
게이 워 군 추 취

7

듣고 싶지 않아요.
我 不 想 听。
wǒ bù xiǎng tīng
워 뿌 시앙 팅

8

하느님 맙소사!
我 的 天 哪！
wǒ de tiān na
워 더 티앤 나

9

그만 좀 투덜거릴래!

好了，别再说了！
hǎo le　　bié zài shuō le
하오 러　　비에 짜이 쑤오 러

10

이건 예상 밖인데요.

很令人意外。
hěn lìng rén yì wài
헌 링 런 이 와이

11

뭐라구?

什么？
shén me
선 머

12

난 믿을 수 없어요.

我无法相信。
wǒ wú fǎ xiāng xìn
워 우 파 씨앙 씬

13

기분이 나빠요.

我心情很不好。
wǒ xīn qíng hěn bù hǎo
워 씬 칭 헌 뿌 하오

14

당신은 항상 불평만 하는군요.

你总是不满。
nǐ zǒng shì bù mǎn
니 종 쓰 뿌 만

15

지루해서 죽는 줄 알았어요.

无聊死了。
wú liáo sǐ le
우 리아오 스 러

16

날 좀 가만히 내버려둬요.

别管我。
bié guǎn wǒ
비에 구안 워

감정을 표현할 때

7 day

Talk! Talk! Chinese!

Let's Talk 기쁘고 즐거울 때

① 저는 너무 행복해요.

我 好 开 心 啊。
wǒ hǎo kāi xīn a
워 하오 카이 씬 아

② 기분이 끝내줘요.

心 情 好 极 了。
xīn qíng hǎo jí le
씬 칭 하오 지 러

③ 당신 행복해 보여요.

你 看 上 去 很 开 心。
nǐ kàn shàng qù hěn kāi xīn
니 칸 쌍 취 헌 카이 씬

④ 당신이 잘 돼서 저도 기뻐요.

你 成 功 了 我 真 高 兴。
nǐ chéng gōng le wǒ zhēn gāo xìng
니 청 꽁 러 워 쩐 까오 씽

⑤ 정말 행복한 시간이었어요.

我 玩 儿 得 很 愉 快。
wǒ wánr de hěn yú kuài
워 왈 더 헌 위 콰이

⑥ 더 이상 기쁠 수는 없을 거예요.

我 开 心 到 极 点 了。
wǒ kāi xīn dào jí diǎn le
워 카이 씬 따오 지 디앤 러

 **Let's Talk** 기분이 안 좋을 때

❼ 기분이 그냥 좀 그랬어요.

我 的 心 情 不 太 好。
wǒ de xīn qíng bú tài hǎo
워 더 씬 칭 부 타이 하오

❽ 고민이 많아요.

我 有 心 事。
wǒ yǒu xīn shì
워 요우 씬 쓰

❾ 아무것도 할 기분이 아니에요.

我 什 么 也 不 想 做。
wǒ shén me yě bù xiǎng zuò
워 선 머 이에 뿌 시앙 쭤

❿ 한숨도 못 잤어요.

我 一 夜 没 睡。
wǒ yí yè méi shuì
워 이 예 메이 쑤이

Let's Talk 화가 날 때

⓫ 화가 나요.

我 很 生 气。
wǒ hěn shēng qì
워 헌 썽 치

⓬ 더 이상은 못 참겠어요.

我 再 也 不 能 忍 了。
wǒ zài yě bù néng rěn le
워 짜이 이에 뿌 넝 런 러

⓭ 그가 나를 정말 열 받게 했어요.

他 真 的 很 令 我 生 气。
tā zhēn de hěn lìng wǒ shēng qì
타 쩐 더 헌 링 워 썽 치

당황과 놀라움

⑭ 말문이 막히네요.

我 说 不 出 话 来 了。
wǒ shuō bù chū huà lái le
워 쑤오 뿌 추 화 라이 러

⑮ 놀랐잖아요.

你 吓 了 我 一 跳。
nǐ xià le wǒ yí tiào
니 씨아 러 워 이 티아오

⑯ 정말 놀랍구나!

吓 死 人 了!
xià sǐ rén le
씨아 스 런 러

⑰ 이거 충격적인데요.

很 令 人 震 惊。
hěn lìng rén zhèn jīng
헌 링 런 쩐 찡

⑱ 오, 이런! 말도 안 돼!

绝 对 不 可 能!
jué duì bù kě néng
쮀에 뚜이 뿌 커 넝

슬픔과 절망

⑲ 너무 슬퍼요.

我 很 难 过。
wǒ hěn nán guò
워 헌 난 꿔

⑳ 울고 싶어요.

我 想 哭。
wǒ xiǎng kū
워 시앙 쿠

㉑ 눈앞이 캄캄해요.

我 眼 前 一 片 茫 然。
wǒ yǎn qián yí piàn máng rán
워 이앤 치앤 이 피앤 망 란

㉒ 이보다 더 나쁜 일은 없을 거예요.

没 有 比 这 更 糟 糕 的 了。
méi yǒu bǐ zhè gèng zāo gāo de le
메이 요우 비 쩌 껑 짜오 까오 더 러

㉓ 삼가 깊은 조의를 표합니다.

表 示 我 深 切 的 哀 悼。
biǎo shì wǒ shēn qiè de āi dào
비아오 쓰 워 썬 치에 더 아이 따오

㉔ 너무 가슴 아파요.

我 心 痛 得 不 得 了。
wǒ xīn tòng de bù dé liǎo
워 씬 통 더 뿌 더 리아오

격려와 위로

㉕ 너무 걱정하지 말아요.

不 要 太 担 心 了。
bú yào tài dān xīn le
부 야오 타이 딴 씬 러

㉖ 용기를 잃지 말고 기운 내세요.

别 泄 气, 鼓 起 勇 气 来。
bié xiè qì gǔ qǐ yǒng qì lái
비에 씨에 치 구 치 용 치 라이

㉗ 당신이 해낼 거라고 믿어요.

我 相 信 你 一 定 能 成 功。
wǒ xiāng xìn nǐ yí dìng néng chéng gōng
워 씨앙 씬 니 이 띵 넝 청 꽁

㉘ 다 잘 될 거예요.

一 切 都 会 好 的。
yí qiè dōu huì hǎo de
이 치에 또우 후이 하오 더

8 day

감사와 사과의 말

Talk! Talk! Chinese!

Let's Talk 고마움을 표현할 때

① 대단히 감사합니다.

非 常 感 谢。
fēi cháng gǎn xiè
페이 창 간 씨에

② 당신에게 매우 감사
하고 있어요.

我 非 常 感 谢 你。
wǒ fēi cháng gǎn xiè nǐ
워 페이 창 간 씨에 니

③ 고맙다는 말을 전하
고 싶었어요.

我 很 想 说 声 谢 谢 你。
wǒ hěn xiǎng shuō shēng xiè xie nǐ
워 헌 시앙 쑤오 썽 씨에 시에 니

④ 다들 고마워하고 있
어요.

大 家 都 非 常 感 谢 你。
dà jiā dōu fēi cháng gǎn xiè nǐ
따 찌아 또우 페이 창 간 씨에 니

Let's Talk 특별한 감사를 전할 때

⑤ 도와주신 데 대해 감
사드립니다.

谢 谢 你 的 帮 助。
xiè xie nǐ de bāng zhù
씨에 시에 니 더 빵 쭈

46

⑥ 친절에 감사드립니다.

谢 谢 你 的 友 好。
xiè xie nǐ de yǒu hǎo
씨에 시에 니 더 요우 하오

⑦ 배려해 주신 데 대해 감사드립니다.

谢 谢 你 的 细 心 关 怀。
xiè xie nǐ de xì xīn guān huái
씨에 시에 니 더 씨 씬 꾸안 후아이

⑧ 칭찬해 주셔서 감사합니다.

谢 谢 你 的 夸 奖。
xiè xie nǐ de kuā jiǎng
씨에 시에 니 더 쿠아 지앙

⑨ 저를 위해 애써주셔서 감사드립니다.

谢 谢 你 对 我 的 关 怀 照 顾。
xiè xie nǐ duì wǒ de guān huái zhào gù
씨에 시에 니 뚜이 워 더 꾸안 후아이 짜오 꾸

감사인사에 답할 때

⑩ 천만에요.

不 要 客 气。
bú yào kè qì
부 야오 커 치

⑪ 도움이 됐다니 저도 기뻐요.

我 很 高 兴 能 帮 助 你。
wǒ hěn gāo xìng néng bāng zhù nǐ
워 헌 까오 씽 넝 빵 쭈 니

⑫ 과찬의 말씀입니다.

你 过 奖 了。
nǐ guò jiǎng le
니 꿔 지앙 러

⑬ 제가 오히려 고맙지요.

我 应 该 谢 谢 你 才 对。
wǒ yīng gāi xiè xie nǐ cái duì
워 잉 까이 씨에 시에 니 차이 뚜이

사과와 용서를 구할 때

⑭ 미안해요.
不 好 意 思。
bù hǎo yì si
뿌 하오 이 스

⑮ 정말 죄송해요.
真 是 很 抱 歉。
zhēn shì hěn bào qiàn
쩐 쓰 헌 빠오 치앤

⑯ 기분 나빴다면 미안
해요.
对 不 起 冒 犯 你 了。
duì bù qǐ mào fàn nǐ le
뚜이 뿌 치 마오 판 니 러

⑰ 일부러 그런 게 아니
었어요.
我 不 是 有 意 那 样 做 的。
wǒ bú shì yǒu yì nà yàng zuò de
워 부 쓰 요우 이 나 양 쭤 더

⑱ 용서해 주세요.
请 原 谅。
qǐng yuán liàng
칭 위앤 리앙

⑲ 한번만 봐 주세요.
就 原 谅 我 这 一 次 吧。
jiù yuán liàng wǒ zhè yí cì ba
찌우 위앤 리앙 워 쩌 이 츠 바

사과를 받아들일 때

⑳ 괜찮아요. 그럴 수도
있죠.
没 什 么。 不 必 放 在 心 上。
méi shén me   bú bì fàng zài xīn shàng
메이 선 머   부 삐 팡 짜이 씬 쌍

㉑ 당신의 사과를 받아 드릴게요.

我 接 受 你 的 道 歉。
wǒ jiē shòu nǐ de dào qiàn
워 찌에 쏘우 니 더 따오 치앤

㉒ 앞으로는 조심하세요.

以 后 要 注 意。
yǐ hòu yào zhù yì
이 호우 야오 쭈 이

㉓ 다시는 이런 일이 없도록 해주세요.

不 许 再 有 下 回。
bù xǔ zài yǒu xià huí
뿌 쉬 짜이 요우 씨아 후이

㉔ 사과해 줘서 고마워요.

多 谢 你 的 道 歉。
duō xiè nǐ de dào qiàn
뚜오 씨에 니 더 따오 치앤

사과를 받아들이지 않을 때

㉕ 유감스럽지만, 당신 사과를 받아들일 수 없어요.

很 遗 憾, 我 不 能 接 受 你 的 道 歉。
hěn yí hàn wǒ bù néng jiē shòu nǐ de dào qiàn
헌 이 한 워 뿌 넝 찌에 쏘우 니 더 따오 치앤

㉖ 그를 용서할 수 없어요.

我 不 能 原 谅 他。
wǒ bù néng yuán liàng tā
워 뿌 넝 위앤 리앙 타

㉗ 어떻게 나에게 이럴 수 있어요?

你 怎 么 能 这 样 对 我?
nǐ zěn me néng zhè yàng duì wǒ
니 전 머 넝 쩌 양 뚜이 워

㉘ 변명하지 마세요.

不 要 解 释。
bú yào jiě shì
부 야오 지에 쓰

부탁과 양해를 구할 때

Let's Talk 부탁할 때

① 부탁을 해도 될까요?

我 可 以 请 你 帮 忙 吗 ?
wǒ kě yǐ qǐng nǐ bāng máng ma
워 커 이 칭 니 빵 망 마

② 꼭 부탁드릴 게 있어요.

我 有 事 请 你 一 定 要 帮 我 。
wǒ yǒu shì qǐng nǐ yí dìng yào bāng wǒ
워 요우 쓰 칭 니 이 띵 야오 빵 워

③ 개인적인 부탁 하나 해도 될까요?

我 可 以 请 你 帮 个 忙 吗 ?
wǒ kě yǐ qǐng nǐ bāng gè máng ma
워 커 이 칭 니 빵 꺼 망 마

④ 당신에게 꼭 부탁할 게 있는데요.

我 有 事 一 定 要 请 你 帮 忙 。
wǒ yǒu shì yí dìng yào qǐng nǐ bāng máng
워 요우 쓰 이 띵 야오 칭 니 빵 망

⑤ 펜을 좀 빌릴 수 있나요?

我 可 以 借 一 下 你 的 笔 吗 ?
wǒ kě yǐ jiè yí xià nǐ de bǐ ma
워 커 이 찌에 이 씨아 니 더 비 마

⑥ 이 짐을 운반해 주세요.

请 帮 我 搬 运 一 下 这 个 行 李 。
qǐng bāng wǒ bān yùn yí xià zhè gè xíng li
칭 빵 워 빤 윈 이 씨아 쩌 꺼 싱 리

Let's Talk 승낙할 때

⑦ 물론이죠. 말만 하세요.

当 然 可 以。你 说 好 啦。
dāng rán kě yǐ　nǐ shuō hǎo la
땅 란 커 이　니 쑤오 하오 라

⑧ 말씀해 보세요. 기꺼이 해 드릴게요.

你 说 吧。我 一 定 帮 你。
nǐ shuō ba　wǒ yí dìng bāng nǐ
니 쑤오 바　워 이 띵 빵 니

⑨ 어떻게 당신 부탁을 거절하겠어요?

我 怎 么 能 拒 绝 你 的 请 求 呢？
wǒ zěn me néng jù jué nǐ de qǐng qiú ne
워 전 머 넝 쮜 쥐에 니 더 칭 치우 너

⑩ 당신을 돕게 돼서 기뻐요.

我 很 高 兴 能 够 帮 你。
wǒ hěn gāo xìng néng gòu bāng nǐ
워 헌 까오 씽 넝 꼬우 빵 니

Let's Talk 부탁을 거절할 때

⑪ 안 되겠어요.

不 行。
bù xíng
뿌 싱

⑫ 미안하지만, 지금은 안 되겠어요.

不 好 意 思，我 现 在 不 行。
bù hǎo yi si　wǒ xiàn zài bù xíng
뿌 하오 이 스　워 씨앤 짜이 뿌 싱

⑬ 제가 바빠서 당신 부탁을 들어줄 시간이 없군요.

我 很 忙，帮 不 了 你。
wǒ hěn máng bāng bù liǎo nǐ
워 헌 망 빵 뿌 리아오 니

양해를 구할 때

⑭ 여기 앉아도 될까요?

我 可 以 坐 这 儿 吗 ?
wǒ kě yǐ zuò zhèr ma
워 커 이 쭤 쩔 마

⑮ 이것을 좀 빌릴 수 있어요?

这 个 我 可 以 借 一 下 吗 ?
zhè gè wǒ kě yǐ jiè yí xià ma
쩌 꺼 워 커 이 찌에 이 씨아 마

⑯ 실례지만, 옆으로 좀 가주시겠어요?

不 好 意 思 , 请 靠 边 一 点 儿 。
bù hǎo yì si qǐng kào biān yì diǎnr
뿌 하오 이 스 칭 카오 삐앤 이 디알

⑰ 담배를 피워도 될까요?

我 可 以 抽 烟 吗 ?
wǒ kě yǐ chōu yān ma
워 커 이 초우 이앤 마

도움을 청할 때

⑱ 저를 좀 도와주시겠어요?

请 帮 我 一 下 , 好 吗 ?
qǐng bāng wǒ yí xià hǎo ma
칭 빵 워 이 씨아 하오 마

⑲ 당신의 도움이 꼭 필요해요.

我 非 常 需 要 你 的 帮 助 。
wǒ fēi cháng xū yào nǐ de bāng zhù
워 페이 창 쒸 야오 니 더 빵 쭈

⑳ 이 일 좀 도와주실래요?

这 件 事 请 你 帮 我 , 好 吗 ?
zhè jiàn shì qǐng nǐ bāng wǒ hǎo ma
쩌 찌앤 쓰 칭 니 빵 워 하오 마

Let's Talk 도와줄 때

㉑ 제가 도와 드릴게요.

我 来 帮 你。
wǒ lái bāng nǐ
워 라이 빵 니

㉒ 기꺼이 도와 드릴게요.

我 很 乐 意 帮 你。
wǒ hěn lè yì bāng nǐ
워 헌 러 이 빵 니

㉓ 제가 할 수 있는 건 할게요.

要 是 我 能 做 我 就 做。
yào shì wǒ néng zuò wǒ jiù zuò
야오 쓰 워 넝 쭤 워 찌우 쭤

㉔ 제가 필요하면 언제든지 부르세요.

你 有 事, 请 随 时 叫 我。
nǐ yǒu shì qǐng suí shí jiào wǒ
니 요우 쓰 칭 수이 스 찌아오 워

Let's Talk 도움을 거절할 때

㉕ 저 혼자 할 수 있어요.

我 能 自 己 做。
wǒ néng zì jǐ zuò
워 넝 쯔 지 쭤

㉖ 제가 해야 할 일인데요.

这 是 我 应 该 做 的。
zhè shì wǒ yīng gāi zuò de
쩌 쓰 워 잉 까이 쭤 더

㉗ 괜찮아요. 말이라도 고마워요.

不 用 了。 谢 谢 你。
bú yòng le xiè xie nǐ
부 용 러 씨에 시에 니

10 day 의견을 표현할 때

Talk! Talk! Chinese!

Let's Talk 상대의 생각을 물을 때

① 당신은 어떻게 생각 하세요?

你 是 怎 么 想 的 ?
nǐ shì zěn me xiǎng de
니 쓰 전 머 시앙 더

② 좋은 의견이 있으신 가요?

有 没 有 什 么 好 意 见 ?
yǒu méi yǒu shén me hǎo yì jiàn
요우 메이 요우 선 머 하오 이 찌앤

③ 우리가 어떻게 해야 할까요?

你 说 我 们 应 该 怎 么 办 呢 ?
nǐ shuō wǒ men yīng gāi zěn me bàn ne
니 쑤오 워 먼 잉 까이 전 머 빤 너

④ 이 건에 대한 당신 생 각은 무엇인가요?

对 于 这 件 事 你 是 怎 么 看 的 ?
duì yú zhè jiàn shì nǐ shì zěn me kàn de
뚜이 위 쩌 찌앤 쓰 니 쓰 전 머 칸 더

Let's Talk 자신의 의견을 말할 때

⑤ 제가 한 마디 해도 될 까요?

我 可 以 说 一 句 吗 ?
wǒ kě yǐ shuō yí jù ma
워 커 이 쑤오 이 쮜 마

❻ 제게 좋은 생각이 있어요.

我 有 一 个 好 主 意。
wǒ yǒu yí gè hǎo zhú yì
워 요우 이 꺼 하오 주 이

❼ 제 소견을 말씀드리겠어요.

我 来 发 表 一 下 我 的 意 见。
wǒ lái fā biǎo yí xià wǒ de yì jiàn
워 라이 파 비아오 이 씨아 워 더 이 찌앤

❽ 한 가지 제안을 드려도 될까요?

我 可 以 提 一 个 建 议 吗?
wǒ kě yǐ tí yí gè jiàn yì ma
워 커 이 티 이 꺼 찌앤 이 마

❾ 제게 좋은 수가 있어요.

我 有 一 个 好 办 法 啦。
wǒ yǒu yí gè hǎo bàn fǎ la
워 요우 이 꺼 하오 빤 파 라

Let's Talk 결심이나 결정할 때

❿ 그 결심 잘 하셨어요.

这 个 决 定 你 做 得 好。
zhè gè jué dìng nǐ zuò de hǎo
쩌 꺼 쥐에 띵 니 쮜 더 하오

⓫ 저는 제 방식대로 하겠어요.

我 要 按 照 我 的 方 式 去 做。
wǒ yào àn zhào wǒ de fāng shì qù zuò
워 야오 안 짜오 워 더 팡 쓰 취 쮜

⓬ 왜 마음을 바꾸셨어요?

你 怎 么 改 变 主 意 了 呢?
nǐ zěn me gǎi biàn zhǔ yì le ne
니 전 머 가이 삐앤 주 이 러 너

⓭ 어려운 결심을 하셨군요.

你 做 了 一 个 艰 难 的 决 定。
nǐ zuò le yí gè jiān nán de jué dìng
니 쮜 러 이 꺼 찌앤 난 더 쥐에 띵

찬성이나 동의할 때

⑭ 당신 의견에 동의해요.

我 同 意 你 的 想 法。
wǒ tóng yì nǐ de xiǎng fǎ
워 통 이 니 더 시앙 파

⑮ 저도 그렇게 생각해요.

我 也 那 么 想。
wǒ yě nà me xiǎng
워 이에 나 머 시앙

⑯ 좋아요. 그거 멋진 생각이네요.

好 的。 是 个 好 主 意。
hǎo de shì gè hǎo zhú yì
하오 더 쓰 꺼 하오 주 이

⑰ 당신은 저와 의견이 통하는군요.

你 跟 我 意 见 相 同。
nǐ gēn wǒ yì jiàn xiāng tóng
니 껀 워 이 찌앤 씨앙 통

반대할 때

⑱ 당신 의견에 반대해요.

我 不 同 意 你 的 意 见。
wǒ bù tóng yì nǐ de yì jiàn
워 뿌 통 이 니 더 이 찌앤

⑲ 저는 그렇게 생각하지 않아요.

我 不 那 样 想。
wǒ bú nà yàng xiǎng
워 부 나 양 시앙

⑳ 그것은 납득할 수 없어요.

那 没 有 说 服 力。
nà méi yǒu shuō fú lì
나 메이 요우 쑤오 푸 리

 **Let's Talk** 추측과 판단할 때

㉑ 내가 그럴 줄 알았어요.

我 就 知 道 会 那 样。
wǒ jiù zhī dào huì nà yàng
워 찌우 쯔 따오 후이 나 양

㉒ 당신은 틀림없이 잘 할 거예요.

你 一 定 会 做 得 很 好。
nǐ yí dìng huì zuò de hěn hǎo
니 이 띵 후이 쭤 더 헌 하오

㉓ 예감이 좋지 않군요.

预 感 不 太 好。
yù gǎn bú tài hǎo
위 간 부 타이 하오

㉔ 이것은 예상 밖이군요.

这 真 是 意 料 之 外。
zhè zhēn shì yì liào zhī wài
쩌 쩐 쓰 이 리아오 쯔 와이

Let's Talk 생각을 유보할 때

㉕ 다시 생각해 보세요.

请 再 考 虑 考 虑 吧。
qǐng zài kǎo lǜ kǎo lǜ ba
칭 짜이 카오 뤼 카오 뤼 바

㉖ 우리 나중에 얘기해요.

我 们 改 天 再 谈 吧。
wǒ men gǎi tiān zài tán ba
워 먼 가이 티앤 짜이 탄 바

㉗ 며칠 동안 생각할 시간을 주세요.

请 给 我 几 天 的 时 间 考 虑。
qǐng gěi wǒ jǐ tiān de shí jiān kǎo lǜ
칭 게이 워 지 티앤 더 스 찌앤 카오 뤼

다음에 나오는 우리말을 중국어로 말해 보세요.

1. 더 이상 기쁠 수는 없을 거예요.

2. 너무 슬퍼요.

3. 다 잘 될 거예요.

4. 도와주신 데 대해 감사드립니다.

5. 용서해 주세요.

6. 담배를 피워도 될까요?

7. 기꺼이 도와 드릴게요.

8. 당신은 어떻게 생각하세요?

9. 제게 좋은 생각이 있어요.

10. 다시 생각해 보세요.

● 정답

1 我开心到极点了。　2 我很难过。　3 一切都会好的。　4 谢谢你的帮助。　5 请原谅。
6 我可以抽烟吗?　7 我很乐意帮你。　8 你是怎么想的?　9 我有一个好主意。　10 请
再考虑考虑吧。

1. 心情好极了。

2. 我一夜没睡。

3. 你吓了我一跳。

4. 我非常感谢你。

5. 你过奖了。

6. 真是很抱歉。

7. 我可以请你帮忙吗？

8. 我同意你的想法。

9. 我不那样想。

10. 预感不太好。

정답

1 기분이 끝내줘요. 2 한숨도 못 잤어요. 3 놀랐잖아요. 4 당신에게 매우 감사하고 있어요. 5 과찬의 말씀입니다. 6 정말 죄송해요. 7 부탁을 해도 될까요? 8 당신 의견에 동의해요. 9 저는 그렇게 생각하지 않아요. 10 예감이 좋지 않군요.

1

몇 시인가요?
几 点 了?
jǐ diǎn le
지 디앤 러

2

3시 30분이에요.
三 点 三 十 分。
sān diǎn sān shí fēn
싼 디앤 싼 스 펀

3

벌써 10시가 넘었어요.
都 十 点 多 了。
dōu shí diǎn duō le
또우 스 디앤 뚜오 러

4

정오가 되었네요.
正 午 到 了。
zhèng wǔ dào le
쩡 우 따오 러

5

당신 시계로는 몇 시인가요?
你 的 表 是 几 点?
nǐ de biǎo shì jǐ diǎn
니 더 비아오 쓰 지 디앤

6

내일은 무슨 요일인가요?
明 天 星 期 几?
míng tiān xīng qī jǐ
밍 티앤 씽 치 지

7

오늘은 날씨가 좋아요.
今 天 天 气 很 好。
jīn tin tiān qì hěn hǎo
찐 티앤 티앤 치 헌 하오

8

오늘은 날씨가 흐리군요.
今 天 天 气 阴。
jīn tiān tiān qì yīn
찐 티앤 티앤 치 인

9

오늘은 바람이 심해요.

今 天 风 很 大 。
jīn tiān fēng hěn dà
찐 티앤 펑 헌 따

10

오늘은 너무 춥군요.

今 天 很 冷 啊 。
jīn tiān hěn lěng a
찐 티앤 헌 렁 아

11

오늘 비가 올까요?

今 天 会 下 雨 吗 ?
jīn tiān huì xià yǔ ma
찐 티앤 후이 씨아 위 마

12

일기예보가 틀렸어요.

天 气 预 报 不 对 。
tiān qì yù bào bú duì
티앤 치 위 빠오 부 뚜이

13

장마철이 되었군요.

雨 季 来 了 。
yǔ jì lái le
위 찌 라이 러

14

장마철이 끝났어요.

雨 季 过 去 了 。
yǔ jì guò qù le
위 찌 꿔 취 러

15

낙엽이 물들고 있어요.

落 叶 红 了 。
luò yè hóng le
뤄 예 홍 러

16

날이 갈수록 추워지네요.

天 越 来 越 冷 了 。
tiān yuè lái yuè lěng le
티앤 위에 라이 위에 렁 러

TALK! TALK!
CHINESE!

PART

2

일상 표현

DAILY LIFE

11 day 전화하기

Let's Talk 전화를 걸 때

① 안녕하세요, 왕하오 씨 있나요?

你 好 , 王 浩 先 生 在 吗 ?
nǐ hǎo wáng hào xiān sheng zài ma
니 하오 왕 하오 씨앤 성 짜이 마

② 왕하오 씨와 통화하고 싶어요.

请 王 浩 先 生 听 电 话 。
qǐng wáng hào xiān sheng tīng diàn huà
칭 왕 하오 씨앤 성 팅 띠앤 화

③ 왕핑 씨 좀 바꿔주세요.

请 找 一 下 王 平 先 生 。
qǐng zhǎo yí xià wáng píng xiān sheng
칭 자오 이 씨아 왕 핑 씨앤 성

④ 그의 내선번호가 바뀐 것 같은데요.

他 的 内 线 电 话 可 能 变 了 。
tā de nèi xiàn diàn huà kě néng biàn le
타 더 네이 씨앤 띠앤 화 커 넝 삐앤 러

Let's Talk 전화를 받을 때

⑤ 여보세요, 왕하오입니다.

喂 , 我 是 王 浩 。
wéi wǒ shì wáng hào
웨이 워 쓰 왕 하오

❻ 전데요, 누구신가요?

我 就 是 , 您 是 哪 位 啊 ?
wǒ jiù shì nín shì nǎ wèi a
워 찌우 쓰 닌 쓰 나 웨이 아

❼ 누구시라고 전해드
릴까요?

请 问 您 是 哪 位 ?
qǐng wèn nín shì nǎ wèi
칭 원 닌 쓰 나 웨이

❽ 어느 분을 찾으세요?

请 问 您 找 哪 位 啊 ?
qǐng wèn nín zhǎo nǎ wèi a
칭 원 닌 자오 나 웨이 아

❾ 지금은 바빠요. 나중
에 다시 걸게요.

现 在 我 很 忙 。 以 后 再 打 给 你 。
xiàn zài wǒ hěn máng yǐ hòu zài dǎ gěi nǐ
씨앤 짜이 워 헌 망 이 호우 짜이 다 게이 니

전화를 연결할 때

❿ 그에게 연결해 드릴
게요.

我 把 电 话 转 给 他 。
wǒ bǎ diàn huà zhuǎn gěi tā
워 바 띠앤 화 주안 게이 타

⓫ 끊지 말고 기다려주
세요.

别 挂 掉 请 等 一 下 。
bié guà diào qǐng děng yí xià
비에 꽈 띠아오 칭 덩 이 씨아

⓬ 전화 받으세요.

请 接 电 话 。
qǐng jiē diàn huà
칭 찌에 띠앤 화

⓭ 2번 전화가 와 있어
요.

二 号 线 来 电 话 了 。
èr hào xiàn lái diàn huà le
얼 하오 씨앤 라이 띠앤 화 러

Let's Talk 통화중이나 부재중일 때

⑭ 죄송하지만, 그가 통화중이신데요.

不 好 意 思, 他 正 在 通 话 呢。
bù hǎo yì si　tā zhèng zài tōng huà ne
뿌 하오 이 스　타 쩡 짜이 통 화 너

⑮ 그는 지금 회의 중이에요.

他 现 在 正 在 开 会 呢。
tā xiàn zài zhèng zài kāi huì ne
타 씨앤 짜이 쩡 짜이 카이 후이 너

⑯ 제가 지금 통화하기 어려워요.

我 现 在 不 方 便 听 电 话。
wǒ xiàn zài bù fāng biàn tīng diàn huà
워 씨앤 짜이 뿌 팡 삐앤 팅 띠앤 화

⑰ 제가 나중에 전화 드려도 될까요?

我 过 一 会 儿 给 你 打 电 话 好 吗?
wǒ guò yí huìr gěi nǐ dǎ diàn huà hǎo ma
워 꿔 이 후얼 게이 니 다 띠앤 화 하오 마

Let's Talk 메시지를 남길 때

⑱ 그에게 메시지 남겨 드릴까요?

要 不 要 给 他 留 言?
yào bú yào gěi tā liú yán
야오 부 야오 게이 타 리우 이앤

⑲ 제게 전화 좀 해달라고 전해주실래요?

请 你 转 告 他 给 我 回 个 电 话。
qǐng nǐ zhuǎn gào tā gěi wǒ huí gè diàn huà
칭 니 주안 까오 타 게이 워 후이 꺼 띠앤 화

⑳ 왕핑에게 전화 왔었다고 전해주시겠어요?

请 你 转 告 他 王 平 来 过 电 话。
qǐng nǐ zhuǎn gào tā wáng píng lái guò diàn huà
칭 니 주안 까오 타 왕 핑 라이 꿔 띠앤 화

Let's Talk 전화가 잘못 왔거나 상태가 안 좋을 때

㉑ 전화를 잘못 거셨습니다.

你 打 错 电 话 了。
nǐ dǎ cuò diàn huà le
니 다 춰 띠앤 화 러

㉒ 여기 그런 사람 없어요.

这 里 没 有 那 个 人。
zhè lǐ méi yǒu nà gè rén
쩌 리 메이요우 나 꺼 런

㉓ 안 들리네요. 끊었다가 다시 걸게요.

听 不 到。 我 挂 掉 后 再 打。
tīng bú dào wǒ guà diào hòu zài dǎ
팅 부 따오 워 꽈 띠아오 호우 짜이 다

㉔ 전화가 혼선이 되네요.

电 话 串 线 了。
diàn huà chuàn xiàn le
띠앤 화 추안 씨앤 러

Let's Talk 휴대전화를 사용할 때

㉕ 제가 문자 메시지 보낼게요.

我 给 你 发 短 信。
wǒ gěi nǐ fā duǎn xìn
워 게이 니 파 두안 씬

㉖ 배터리가 얼마 없어요.

快 没 电 池 了。
kuài méi diàn chí le
콰이 메이 띠앤 츠 러

㉗ 휴대폰도 꺼놓고 뭐 하세요?

干 嘛 把 手 机 也 关 掉 了?
gàn ma bǎ shǒu jī yě guān diào le
깐 마 바 소우 찌 이에 꾸안 띠아오 러

12 day

약속과 만남

 **Let's Talk** 일정을 물을 때

❶ 일 끝나고 한가하세요?

下 班 以 后 你 有 空 吗 ?
xià bān yǐ hòu nǐ yǒu kòng ma
씨아 빤 이 호우 니 요우 콩 마

❷ 오늘 저녁 시간 있으세요?

今 晚 你 有 时 间 吗 ?
jīn wǎn nǐ yǒu shí jiān ma
찐 완 니 요우 스 찌앤 마

❸ 내일 일정이 어떻게 되세요?

你 明 天 的 日 程 怎 么 样 ?
nǐ míng tiān de rì chéng zěn me yàng
니 밍 티앤 더 르 청 전 머 양

❹ 수요일에 시간 있어요?

礼 拜 三 你 有 空 吗 ?
lǐ bài sān nǐ yǒu kòng ma
리 빠이 싼 니 요우 콩 마

Let's Talk 약속시간 정할 때

❺ 우리 몇 시에 만날까요?

我 们 几 点 见 面 呢 ?
wǒ men jǐ diǎn jiàn miàn ne
워 먼 지 디앤 찌앤 미앤 너

⑥ 5시 이후라면 언제든 좋아요.

五 点 以 后 都 可 以 。
wǔ diǎn yǐ hòu dōu kě yǐ
우 디앤 이 호우 또우 커 이

⑦ 7시 어떠세요?

七 点 怎 么 样 啊 ?
qī diǎn zěn me yàng a
치 디앤 전 머 양 아

⑧ 아무 때나요. 당신이 시간 정하세요.

我 什 么 时 间 都 行 。 你 定 时 间 吧 。
wǒ shén me shí jiān dōu xíng nǐ dìng shí jiān ba
워 선 머 스 찌앤 또우 싱 니 띵 스 찌앤 바

⑨ 늦지 마세요.

别 晚 啦 。
bié wǎn la
비에 완 라

Let's Talk 약속장소 정할 때

⑩ 우리 어디서 만날까요?

我 们 在 哪 里 见 面 呢 ?
wǒ men zài nǎ lǐ jiàn miàn ne
워 먼 짜이 나 리 찌앤 미앤 너

⑪ 어디 좋은 곳을 아세요?

你 知 道 不 错 的 地 方 吗 ?
nǐ zhī dào bú cuò de dì fāng ma
니 쯔 따오 부 춰 더 띠 팡 마

⑫ 제가 그쪽으로 가는 게 어때요?

我 去 你 那 边 好 吗 ?
wǒ qù nǐ nà biān hǎo ma
워 취 니 나 삐앤 하오 마

⑬ 근처에 근사한 레스토랑이 있어요.

附 近 有 一 个 很 不 错 的 餐 厅 。
fù jìn yǒu yí gè hěn bú cuò de cān tīng
푸 찐 요우 이 꺼 헌 부 춰 더 찬 팅

 **Let's Talk** 약속을 바꾸거나 취소할 때

⓮ 오늘 저녁 약속 안 잊었죠?

今 晚 的 约 会 你 没 忘 吧?
jīn wǎn de yuē huì nǐ méi wàng ba
찐 완 더 위에 후이 니 메이 왕 바

⓯ 약속을 앞당길 수 있을까요?

我 们 能 提 前 见 面 吗?
wǒ men néng tí qián jiàn miàn ma
워 먼 넝 티 치앤 찌앤 미앤 마

⓰ 우리 다른 날 만나면 어때요?

我 们 改 天 见 好 吗?
wǒ men gǎi tiān jiàn hǎo ma
워 먼 가이 티앤 찌앤 하오 마

⓱ 약속을 다음 기회로 미룰 수 있을까요?

我 们 下 回 见 好 吗?
wǒ men xià huí jiàn hǎo ma
워 먼 씨아 후이 찌앤 하오 마

⓲ 약속을 6시로 바꾸고 싶어요.

我 想 把 见 面 的 时 间 改 到 六 点。
wǒ xiǎng bǎ jiàn miàn de shí jiān gǎi dào liù diǎn
워 시앙 바 찌앤 미앤 더 스 찌앤 가이 따오 리우 디앤

⓳ 미안하지만, 약속을 취소해야겠는데요.

很 抱 歉, 我 们 不 能 见 面 了。
hěn bào qiàn wǒ men bù néng jiàn miàn le
헌 빠오 치앤 워 먼 뿌 넝 찌앤 미앤 러

 **Let's Talk** 약속시간에 늦었을 때

⓴ 언제 도착하세요?

你 什 么 时 候 到?
nǐ shén me shí hòu dào
니 선 머 스 호우 따오

㉑ 거의 다 왔어요.

我 差 不 多 就 要 到 了。
wǒ chà bù duō jiù yào dào le
워 차 뿌 뚜오 찌우 야오 따오 러

㉒ 그는 조금 늦는다고 했어요.

他 说 他 要 晚 一 点。
tā shuō tā yào wǎn yì diǎn
타 쑤오 타 야오 완 이 디앤

㉓ 왜 이제 와요? 2시까지 온다고 했잖아요?

你 怎 么 才 来。 你 不 是 说 两 点 到 的 吗。
nǐ zěn me cái lái   nǐ bú shì shuō liǎng diǎn dào de ma
니 전 머 차이 라이   니 부 쓰 쑤오 리앙 디앤 따오 더 마

㉔ 미안해요. 저녁은 제가 살게요.

对 不 起。 晚 饭 我 请。
duì bù qǐ   wǎn fàn wǒ qǐng
뚜이 뿌 치   완 판 워 칭

Let's Talk 약속을 어겼을 때

㉕ 왜 안 오는 거예요?

你 怎 么 还 不 来?
nǐ zěn me hái bù lái
니 전 머 하이 뿌 라이

㉖ 약속을 잊은 거예요?

你 是 忘 记 了 我 们 的 约 会 吗?
nǐ shì wàng jì le wǒ men de yuē huì ma
니 쓰 왕 찌 러 워 먼 더 위에 후이 마

㉗ 더 이상은 못 기다리겠어요.

我 不 能 再 等 了。
wǒ bù néng zài děng le
워 뿌 넝 짜이 덩 러

㉘ 왜 나를 바람 맞혔어요?

你 为 什 么 放 我 鸽 子?
nǐ wèi shén me fàng wǒ gē zi
니 웨이 선 머 팡 워 꺼 즈

13 day 길 묻기와 안내

Let's Talk 길을 물어볼 때

① 길을 좀 물어봐도 될까요?

我 想 问 一 下 路 可 以 吗？
wǒ xiǎng wèn yí xià lù kě yǐ ma
워 시앙 원 이 씨아 루 커 이 마

② 여기가 어디인가요?

这 是 什 么 地 方 啊？
zhè shì shén me dì fāng a
쩌 쓰 선 머 띠 팡 아

③ 길을 잃었는데, 도와 주시겠어요?

我 迷 路 了, 请 帮 我 好 吗？
wǒ mí lù le qǐng bāng wǒ hǎo ma
워 미 루 러 칭 빵 워 하오 마

④ 어느 길로 가야 하나요?

应 该 走 哪 条 路 啊？
yīng gāi zǒu nǎ tiáo lù a
잉 까이 조우 나 티아오 루 아

⑤ 지름길이 있나요?

有 没 有 近 路 啊？
yǒu méi yǒu jìn lù a
요우 메이 요우 찐 루 아

⑥ 좀 더 자세히 안내해 주실래요?

请 说 得 再 详 细 一 点 儿。
qǐng shuō de zài xiáng xì yì diǎnr
칭 쑤오 더 짜이 시앙 씨 이 디알

Let's Talk 지도나 약도를 활용할 때

❼ 지도에서 위치를 알려주시겠어요?

在 地 图 上 的 哪 个 位 置 ?
zài dì tú shàng de nǎ gè wèi zhi
짜이 띠 투 쌍 더 나 꺼 웨이 즈

❽ 이 지도에 표시를 해 주세요.

请 在 地 图 上 做 一 下 标 记 。
qǐng zài dì tú shàng zuò yí xià biāo jì
칭 짜이 띠 투 쌍 쭤 이 씨아 삐아오 찌

❾ 제가 약도를 그려 드릴게요.

我 给 你 画 一 下 路 线 图 吧 。
wǒ gěi nǐ huà yí xià lù xiàn tú ba
워 게이 니 화 이 씨아 루 씨앤 투 바

Let's Talk 위치나 장소를 찾을 때

❿ 공항으로 가는 길을 가르쳐 주시겠어요?

请 问 去 机 场 怎 么 走 啊 ?
qǐng wèn qù jī chǎng zěn me zǒu a
칭 원 취 찌 창 전 머 조우 아

⓫ 가장 가까운 은행을 알려주시겠어요?

请 问 最 近 的 银 行 在 哪 儿 ?
qǐng wèn zuì jìn de yín háng zài nǎr
칭 원 쭈이 찐 더 인 항 짜이 날

⓬ 지하철역에 어떻게 가야 하나요?

请 问 地 铁 站 怎 么 走 ?
qǐng wèn dì tiě zhàn zěn me zǒu
칭 원 띠 티에 짠 전 머 조우

⓭ 실례지만 화장실이 어디에 있나요?

请 问 洗 手 间 在 哪 儿 ?
qǐng wèn xǐ shǒu jiān zài nǎr
칭 원 시 소우 찌앤 짜이 날

⑭ 공항까지 얼마나 걸리나요?

请 问 去 机 场 需 要 多 长 时 间 啊？
qǐng wèn qù jǐ chǎng xū yào duō cháng shí jiān a
칭 원 취 찌 창 쒸 야오 뚜오 창 스 찌앤 아

⑮ 여기서 얼마나 먼가요?

离 这 里 有 多 远 啊？
lí zhè lǐ yǒu duō yuǎn a
리 쩌 리 요우 뚜오 위앤 아

⑯ 거기까지 걸어서 얼마나 걸릴까요?

去 那 里 走 路 要 多 长 时 间？
qù nà lǐ zǒu lù yào duō cháng shí jiān
취 나 리 조우 루 야오 뚜오 창 스 찌앤

⑰ 걸어가기엔 너무 먼 거리예요.

走 路 很 远。
zǒu lù hěn yuǎn
조우 루 헌 위앤

⑱ 제가 길을 알려 드릴게요.

我 告 诉 你 怎 么 走 吧。
wǒ gào sù nǐ zěn me zǒu ba
워 까오 쑤 니 전 머 조우 바

⑲ 어디 가시는 길이세요? 제가 안내할게요.

你 是 去 哪 儿 啊。我 来 告 诉 你 吧
nǐ shì qù nǎr a wǒ lái gào sù nǐ ba
니 쓰 취 날 아 워 라이 까오 쑤 니 바

⑳ 길을 건너가세요.

请 过 马 路。
qǐng guò mǎ lù
칭 꿔 마 루

㉑ 신호 지나서 있어요.

过 了 红 禄 灯 就 是。
guò le hóng lǜ dēng jiù shì
꿔 러 홍 뤼 떵 찌우 쓰

㉒ 길을 내려가면 바로 있는데요.

沿 着 这 条 路 走 下 去 就 是。
yán zhe zhè tiáo lù zǒu xià qù jiù shì
이앤 저 쩌 티아오 루 조우 씨아 취 찌우 쓰

㉓ 길 건너편에 있어요.

在 这 条 路 的 对 面。
zài zhè tiáo lù de duì miàn
짜이 쩌 티아오 루 더 뚜이 미앤

㉔ 찾기 아주 쉬워요. 저기 안내표시를 따라가세요.

很 好 找。沿 着 那 边 的 路 牌 走。
hěn hǎo zhǎo yán zhe nà biān de lù pái zǒu
헌 하오 자오 이앤 저 나 삐앤 더 루 파이 조우

㉕ 첫 번째 신호등에서 왼쪽으로 도세요.

在 第 一 个 红 禄 灯 往 左 拐。
zài dì yí gè hóng lǜ dēng wǎng zuǒ guǎi
짜이 띠 이 꺼 홍 뤼 떵 왕 주오 구아이

Let's Talk 길을 잘 모른다고 할 때

㉖ 저는 이 지역을 잘 몰라요.

我 不 太 熟 悉 这 个 地 方。
wǒ bú tài shú xī zhè gè dì fang
워 부 타이 수 씨 쩌 꺼 띠 팡

㉗ 저는 여기가 초행길이에요.

我 第 一 次 走 这 条 路。
wǒ dì yí cì zǒu zhè tiáo lù
워 띠 이 츠 조우 쩌 티아오루

㉘ 다른 사람에게 물어 보세요.

请 问 别 人 吧。
qǐng wèn bié rén ba
칭 원 비에 런 바

1. 누구시라고 전해드릴까요?

2. 끊지 말고 기다려주세요.

3. 제가 문자 메시지 보낼게요.

4. 우리 몇 시에 만날까요?

5. 제가 그쪽으로 가는 게 어때요?

6. 약속을 다음 기회로 미룰 수 있을까요?

7. 길을 좀 물어봐도 될까요?

8. 공항으로 가는 길을 가르쳐 주시겠어요?

9. 여기서 얼마나 먼가요?

10. 길을 건너가세요.

● 정답

1 请问您是哪位？　　2 别挂掉请等一下。　　3 我给你发短信。　　4 我们几点见面呢？　　5 我去你那边好吗？　　6 我们下回见好吗？　　7 我想问一下路可以吗？　　8 请问去机场怎么走啊？　　9 离这里有多远啊？　　10 请过马路。

1. 要不要给他留言？

2. 你打错电话了。

3. 电话串线了。

4. 礼拜三你有空吗？

5. 别晚啦。

6. 你什么时候到？

7. 这是什么地方啊？

8. 请问洗手间在哪儿？

9. 走路很远。

10. 请问别人吧。

정답

1 그에게 메시지 남겨드릴까요？ 2 전화를 잘못 거셨습니다. 3 전화가 혼선이 되네요.
4 수요일에 시간 있어요？ 5 늦지 마세요. 6 언제 도착하세요？ 7 여기가
어디인가요？ 8 실례지만 화장실이 어디에 있나요？ 9 걸어가기엔 너무 먼 거리예요.
10 다른 사람에게 물어보세요.

1

처음 뵙겠습니다.
初 次 见 面 。
chū cì jiàn miàn
추 츠 찌앤 미앤

2

(애인에게) 안녕!
你 好 , 亲 爱 的 。
nǐ hǎo qīn ài de
니 하오 친 아이 더

3

어떻게 지내세요?
你 好 吗 ?
nǐ hǎo ma
니 하오 마

4

저는 잘 지내요.
我 过 得 好 。
wǒ guò de hǎo
워 꿔 더 하오

5

별일 없으시죠?
一 切 都 好 吧 ?
yí qiè dōu hǎo ba
이 치에 또우 하오 바

6

잘 먹겠습니다.
我 不 客 气 了 。
wǒ bú kè qì le
워 부 커 치 러

7

잘 먹었습니다.
我 吃 好 了 。
wǒ chī hǎo le
워 츠 하오 러

8

오래 기다리셨어요.
让 你 久 等 了 。
ràng nǐ jiǔ děng le
랑 니 지우 덩 러

9

감사합니다.
谢 谢。
xiè xie
씨에 시에

10

수고하셨어요.
辛 苦 了。
xīn kǔ le
신 쿠 러

11

천만에 말씀입니다.
不 客 气。
bú kè qì
부 커 치

12

실례합니다.
不 好 意 思。
bù hǎo yì si
뿌 하오 이 스

13

미안합니다.
对 不 起。
duì bù qǐ
뚜이 뿌 치

14

잘 부탁드립니다.
请 多 指 教。
qǐng duō zhǐ jiào
칭 뚜오 즈 찌아오

15

안녕히 가세요.
请 走 好。
qǐng zǒu hǎo
칭 쪼우 하오

16

안녕히 계세요.
再 见。
zài jiàn
짜이 찌앤

14 day 초대와 방문

Let's Talk 초대를 제의할 때

❶ 저희 집에 저녁 드시러 오시겠어요?

你 来 我 们 家 吃 晚 餐 ，好 吗 ？
nǐ lái wǒ men jiā chī wǎn cān hǎo ma
니 라이 워 먼 찌아 츠 완 찬 하오 마

❷ 제 초대를 받아주시겠어요?

你 能 应 邀 吗 ？
nǐ néng yìng yāo ma
니 넝 잉 야오 마

❸ 제 생일 파티에 오실래요?

你 能 参 加 我 的 生 日 聚 会 吗 ？
nǐ néng cān jiā wǒ de shēng rì jù huì ma
니 넝 찬 찌아 워 더 썽 르 쮜 후이 마

❹ 이번 주말에 모임이 있는데 오시겠어요?

这 个 周 末 有 聚 会 ，你 来 吗 ？
zhè gè zhōu mò yǒu jù huì nǐ lái ma
쩌 꺼 쪼우 모 요우 쮜 후이 니 라이 마

❺ 토요일에 개업식이 있는데 오시겠어요?

周 六 有 开 业 典 礼 ，你 来 吗 ？
zhōu liù yǒu kāi yè diǎn lǐ nǐ lái ma
쪼우 리우 요우 카이 예 디앤 리 니 라이 마

❻ 당신을 파티에 초대하고 싶어요.

我 想 请 你 来 参 加 派 对 。
wǒ xiǎng qǐng nǐ lái cān jiā pài duì
워 시앙 칭 니 라이 찬 찌아 파이 뚜이

초대에 응할 때

❼ 초대해 주서서 감사
합니다.

多 谢 你 的 邀 请。
duō xiè nǐ de yāo qǐng
뚜오 씨에 니 더 야오 칭

❽ 물론 제가 가야죠.

我 当 然 要 去。
wǒ dāng rán yào qù
워 땅 란 야오 취

❾ 꼭 가겠습니다.

我 一 定 去。
wǒ yí dìng qù
워 이 띵 취

❿ 좋아요, 기대가 되네
요.

好 的， 我 很 期 待。
hǎo de wǒ hěn qī dài
하오 더 워 헌 치 따이

초대를 거절할 때

⓫ 죄송하지만, 저는 못
가요.

不 好 意 思， 我 不 能 去。
bù hǎo yì si wǒ bù néng qù
뿌 하오 이 스 워 뿌 넝 취

⓬ 고맙지만, 안 되겠어
요.

非 常 感 谢， 可 是 我 不 行。
fēi cháng gǎn xiè kě shì wǒ bù xíng
페이 창 간 씨에 커 쓰 워 뿌 싱

⓭ 유감스럽지만, 참석
하지 못할 것 같군요.

很 可 惜， 恐 怕 我 不 能 参 加。
hěn kě xī kǒng pà wǒ bù néng cān jiā
헌 커 씨 콩 파 워 뿌 넝 찬 찌아

⓮ 이 파티 진짜 멋있다!

这 个 派 对 很 棒！
zhè gè pài duì hěn bàng
쩌 꺼 파이 뚜이 헌 빵

⓯ 음료 마음껏 드세요.

饮 料 请 随 便 喝。
yǐn liào qǐng suí biàn hē
인 리아오 칭 수이 삐앤 허

⓰ 저와 춤추시겠어요?

请 跟 我 跳 个 舞 好 吗？
qǐng gēn wǒ tiào gè wǔ hǎo ma
칭 껀 워 티아오 꺼 우 하오 마

⓱ 제가 대화에 끼어도 될까요?

我 可 以 加 入 你 们 的 谈 话 吗？
wǒ kě yǐ jiā rù nǐ men de tán huà ma
워 커 이 찌아 루 니 먼 더 탄 화 마

⓲ 저희 집에 오신 걸 환영해요.

欢 迎 你 来 我 们 家。
huān yíng nǐ lái wǒ men jiā
후안 잉 니 라이 워 먼 찌아

⓳ 꽃을 좀 사왔어요.

我 买 来 了 一 些 花。
wǒ mǎi lái le yì xiē huā
워 마이 라이 러 이 씨에 화

⓴ 편히 앉으세요.

请 随 便 坐。
qǐng suí biàn zuò
칭 수이 삐앤 쭤

㉑ 저희 집을 구경시켜 드릴게요.

我带你看看我的家。
wǒ dài nǐ kàn kan wǒ de jiā
워 따이 니 칸 칸 워 더 찌아

㉒ 좋은 집에 사시네요.

你的家真漂亮啊。
nǐ de jiā zhēn piào liàng a
니 더 찌아 쩐 피아오 리앙 아

㉓ 방을 예쁘게 꾸몄네요.

你的房间布置得真漂亮啊。
nǐ de fáng jiān bù zhì de zhēn piào liàng a
니 더 팡 찌앤 뿌 쯔 더 쩐 피아오 리앙 아

Let's Talk 결혼식장에서

㉔ 정말 어울리는 한 쌍이에요.

真是很相配的一对呀。
zhēn shì hěn xiāng pèi de yí duì ya
쩐 쓰 헌 씨앙 페이 더 이 뚜이 야

㉕ 신부가 너무 아름다워요.

新娘子真漂亮。
xīn niáng zǐ zhēn piào liàng
씬 니앙 즈 쩐 피아오 리앙

㉖ 신혼여행은 어디로 간다고 해요?

去哪里度蜜月呀？
qù nǎ lǐ dù mì yuè ya
취 나 리 뚜 미 위에 야

㉗ 정말 아름다운 결혼식이었어요.

真是一个很美好的婚礼。
zhēn shì yí gè hěn měi hǎo de hūn lǐ
쩐 쓰 이 꺼 헌 메이 하오 더 훈 리

㉘ 결혼식에 참석해 주셔서 기뻐요.

你来参加婚礼我很开心。
nǐ lái cān jiā hūn lǐ wǒ hěn kāi xīn
니 라이 찬 찌아 훈 리 워 헌 카이 씬

15 day

여가시간과 취미

Let's Talk 여가 활용 방법

① 여가시간에 뭐하고 보내세요?

你 没 事 的 时 候 一 般 做 什 么?
nǐ méi shì de shí hòu yì bān zuò shén me
니 메이 쓰 더 스 호우 이 빤 쭤 선 머

② 저는 여가시간에 책 읽는 게 좋아요.

我 在 闲 暇 时 间 喜 欢 看 书。
wǒ zài xián xiá shí jiān xǐ huān kàn shū
워 짜이 시앤 시아 스 찌앤 시 후안 칸 쑤

③ 저는 가능한 한 자주 운동을 하려고 노력해요.

我 尽 量 做 运 动。
wǒ jìn liàng zuò yùn dòng
워 찐 리앙 쭤 윈 똥

④ 저는 휴일엔 하루 종일 TV만 봐요.

我 周 末 整 天 在 家 里 看 电 视。
wǒ zhōu mǒ zhěng tiān zài jiā lǐ kàn diàn shì
워 쪼우 모 정 티앤 짜이 찌아 리 칸 띠앤 쓰

Let's Talk 휴일 계획을 말할 때

⑤ 주말에는 뭐하고 보내세요?

你 周 末 做 什 么?
nǐ zhōu mò zuò shén me
니 쪼우 모 쭤 선 머

⑥ 저는 주로 친구들을 만나요.

我 一 般 见 朋 友。
wǒ yì bān jiàn péng yǒu
워 이 빤 찌앤 펑 요우

⑦ 저는 경기를 보러 경기장에 가요.

我 去 运 动 场 看 比 赛。
wǒ qù yùn dòng chǎng kàn bǐ sài
워 취 윈 똥 창 칸 비 싸이

⑧ 드라이브 하는 거 어떠세요?

开 车 兜 风 怎 么 样 啊?
kāi chē dōu fēng zěn me yàng a
카이 처 또우 펑 전 머 양 아

Let's Talk TV를 시청할 때

⑨ 오늘밤 TV에서 뭐해요?

今 晚 电 视 里 播 什 么?
jīn wǎn diàn shì lǐ bō shén me
찐 완 띠앤 쓰 리 뽀 선 머

⑩ 9번 채널로 돌려보세요.

你 看 九 频 道 吧。
nǐ kàn jiǔ pín dào bā
니 칸 지우 핀 따오 빠

⑪ 이건 재방송이에요.

这 是 重 播。
zhè shì chóng bō
쩌 쓰 총 뽀

⑫ 저는 텔레비전 퀴즈 프로를 보면 너무 재미있어요.

我 爱 看 小 问 答 类 的 节 目。
wǒ ài kàn xiǎo wèn dá lèi de jié mù
워 아이 칸 시아오 원 다 레이 더 지에 무

⑬ 이 시트콤 정말 재미없어요.

这 个 室 内 剧 真 没 意 思。
zhè gè shì nèi jù zhēn méi yì si
쩌 꺼 쓰 네이 쮜 쩐 메이 이 스

⑭ 취미가 뭐예요?

你 的 爱 好 是 什 么 啊 ?
nǐ de ài hào shì shén me a
니 더 아이 하오 쓰 선 머 아

⑮ 뭔가 배우는 게 있나 요?

你 在 学 什 么 吗 ?
nǐ zài xué shén me ma
니 짜이 쉬에 선 머 마

⑯ 특별히 좋아하는 게 있나요?

你 有 特 别 喜 欢 的 吗 ?
nǐ yǒu tè bié xǐ huān de ma
니 요우 터 비에 시 후안 더 마

⑰ 연주할 수 있는 악기 가 있어요?

你 能 弹 乐 器 吗 ?
nǐ néng tán yuè qì ma
니 넝 탄 위에 치 마

⑱ 저는 특별한 취미가 없어요.

我 没 有 什 么 爱 好 。
wǒ méi yǒu shén me ài hǎo
워 메이 요우 선 머 아이 하오

Let's Talk 나의 취미생활

⑲ 저는 여행을 좋아해 요.

我 喜 欢 旅 行 。
wǒ xǐ huān lǚ xíng
워 시 후안 뤼 싱

⑳ 저는 사진 찍는 것에 관심이 많아요.

我 对 摄 影 很 感 兴 趣 。
wǒ duì shè yǐng hěn gǎn xìng qù
워 뚜이 써 잉 헌 간 씽 취

㉑ 저는 영화광이에요.

我 是 个 电 影 迷。
wǒ shì gè diàn yǐng mí
워 쓰 꺼 띠앤 잉 미

㉒ 저는 록음악에 빠졌어요.

我 迷 上 了 摇 滚 音 乐。
wǒ mí shàng le yáo gǔn yīn yuè
워 미 쌍 러 야오 군 인 위에

㉓ 저는 피아노를 쳐요.

我 能 弹 钢 琴。
wǒ néng tán gāng qín
워 넝 탄 깡 친

좋아하는 운동에 대해

㉔ 어떤 운동을 좋아하세요?

你 喜 欢 什 么 运 动 啊？
nǐ xǐ huān shén me yùn dòng a
니 시 후안 선 머 윈 똥 아

㉕ 저는 축구 팬이에요.

我 是 个 足 球 迷。
wǒ shì gè zú qiú mí
워 쓰 꺼 주 치우 미

㉖ 저는 최근에 조깅을 시작했어요.

我 最 近 开 始 跑 步 了。
wǒ zuì jìn kāi shǐ pǎo bù le
워 쭈이 찐 카이 스 파오 뿌 러

㉗ 저는 등산에 푹 빠졌어요.

我 迷 上 了 爬 山。
wǒ mí shàng le pá shān
워 미 쌍 러 파 싼

㉘ 저는 십 년 넘게 골프를 치고 있어요.

我 打 高 尔 夫 球 十 年 了。
wǒ dǎ gāo ěr fū qiú shí nián le
워 다 까오 얼 푸 치우 스 니앤 러

문화생활 즐기기

Let's Talk 영화를 관람할 때

① 어떤 영화를 즐겨보세요?

你 爱 看 什 么 样 的 电 影 啊 ?
nǐ ài kàn shén me yàng de diàn yǐng a
니 아이 칸 선 머 양 더 띠앤 잉 아

② 저는 액션 영화를 좋아해요.

我 爱 看 武 打 片 。
wǒ ài kàn wǔ dǎ piàn
워 아이 칸 우 다 피앤

③ 저랑 자리 좀 바꿔주시겠어요?

请 跟 我 换 一 下 位 子 , 好 吗 ?
qǐng gēn wǒ huàn yí xià wèi zi hǎo ma
칭 껀 워 환 이 씨아 웨이 즈 하오 마

④ 우리 팝콘 먹을까요?

我 们 吃 玉 米 花 好 不 好 啊 ?
wǒ men chī yù mǐ huā hǎo bù hǎo a
워 먼 츠 위 미 후아 하오 뿌 하오 아

⑤ 영화가 정말 감동적이에요.

这 部 电 影 真 感 人 。
zhè bù diàn yǐng zhēn gǎn rén
쩌 뿌 띠앤 잉 쩐 간 런

⑥ 그 영화는 지루했어요.

那 部 电 影 很 没 有 意 思 。
nà bù diàn yǐng hěn méi yǒu yì si
나 뿌 띠앤 잉 헌 메이요우 이 스

Let's Talk 음악회에서

⑦ 어떤 음악을 좋아하세요?

你 喜 欢 什 么 样 的 音 乐 啊 ?
nǐ xǐ huān shén me yàng de yīn yuè a
니 시 후안 선 머 양 더 인 위에 아

⑧ 가장 좋아하는 음악가는 누구인가요?

你 最 喜 欢 的 音 乐 家 是 谁 啊 ?
nǐ zuì xǐ huān de yīn yuè jiā shì shéi a
니 쭈이 시 후안 더 인 위에 찌아 쓰 쉐이 아

⑨ 그 콘서트는 정말 멋졌어요.

那 个 音 乐 会 非 常 棒 。
nà gè yīn yuè huì fēi cháng bàng
나 꺼 인 위에 후이 페이 창 빵

Let's Talk 전시회에서

⑩ 추상화 좋아하세요?

你 喜 欢 抽 象 画 儿 吗 ?
nǐ xǐ huān chōu xiàng huàr ma
니 시 후안 초우 씨앙 후알 마

⑪ 이 작품은 누가 그린 거예요?

这 个 作 品 是 谁 画 的 呀 ?
zhè gè zuò pǐn shì shéi huà de ya
쩌 꺼 쭤 핀 쓰 쉐이 화 더 야

⑫ 정말 훌륭한 작품이군요.

真 是 个 很 不 错 的 作 品 啊 。
zhēn shì gè hěn bú cuò de zuò pǐn a
쩐 쓰 꺼 헌 부 춰 더 쭤 핀 아

⑬ 이 그림 진품이에요?

这 幅 画 是 原 作 吗 ?
zhè fú huà shì yuán zuò ma
쩌 푸 화 쓰 위앤 쭤 마

⑭ 오늘 밤 좌석을 예약
하고 싶어요.

我 要 预 定 今 晚 的 座 位。
wǒ yào yù dìng jīn wǎn de zuò wèi
워 야오 위 띵 찐 완 더 쭤 웨이

⑮ 가장 싼 좌석으로
2장 주세요.

请 给 我 两 张 最 便 宜 的 座 位。
qǐng gěi wǒ liǎng zhāng zuì pián yi de zuò wèi
칭 게이 워 리앙 짱 쭈이 피앤 이 더 쭤 웨이

⑯ 공연 팸플릿을 판매
하나요?

卖 演 出 小 册 子 吗?
mài yǎn chū xiǎo cè zi ma
마이 이앤 추 시아오 처 즈 마

⑰ 그 오페라는 모두 아
주 훌륭했어요.

那 些 歌 剧 都 非 常 好。
nà xiē gē jù dōu fēi cháng hǎo
나 씨에 꺼 쮜 또우 페이 창 하오

⑱ 그 공연은 재미없어
요.

那 个 演 出 没 有 意 思。
nà gè yǎn chū méi yǒu yì si
나 꺼 이앤 추 메이 요우 이 스

⑲ 어디서 경극을 볼 수
있나요?

请 问 在 哪 里 能 看 到 京 剧 啊?
qǐng wèn zài nǎ rǐ néng kàn dào jīng jù a
칭 원 짜이 나 리 넝 칸 따오 찡 쮜 아

⑳ 경극표는 어디서 살
수 있나요?

请 问 在 哪 里 能 买 到 京 剧 票 啊?
qǐng wèn zài nǎ rǐ néng mǎi dào jīng jù piào a
칭 원 짜이 나 리 넝 마이 따오 찡 쮜 피아오 아

㉑ 다음 경극 공연은 몇 시부터인가요?

下 场 京 剧 是 在 几 点 啊 ?
xià chǎng jīng jù shì zài jǐ diǎn a
씨아 창 찡 쮜 쓰 짜이 지 디앤 아

㉒ 안에서 사진 찍어도 되나요?

可 以 在 里 边 照 相 吗 ?
kě yǐ zài lǐ biān zhào xiàng ma
커 이 짜이 리 삐앤 짜오 씨앙 마

㉓ 경극 공연이 너무 멋 졌어요.

京 剧 真 是 太 棒 了 。
jīng jù zhēn shì tài bàng le
찡 쮜 쩐 쓰 타이 빵 러

경기장에서

㉔ 어느 팀을 응원할 거예요?

你 为 哪 个 队 加 油 啊 ?
nǐ wèi nǎ gè duì jiā yóu a
니 웨이 나 꺼 뚜이 찌아 요우 아

㉕ 저 팀은 수비가 정말 좋아요.

那 个 队 防 守 得 很 好 。
nà gè duì fáng shǒu dé hěn hǎo
나 꺼 뚜이 팡 소우 더 헌 하오

㉖ 막상막하의 게임이군요.

这 个 比 赛 真 是 不 分 胜 负 啊 。
zhè gè bǐ sài zhēn shì bù fēn shèng fù a
쩌 꺼 비 싸이 쩐 쓰 뿌 펀 셩 푸 아

㉗ 경기가 끝났어요!

比 赛 结 束 了 !
bǐ sài jié shù le
비 싸이 지에 쑤 러

㉘ 우리가 결승전에 진 출했어요.

我 们 进 入 了 决 赛 。
wǒ men jìn rù le jué sài
워 먼 찐 루 러 쥐에 싸이

1. 제 초대를 받아주시겠어요?

2. 이 파티 진짜 멋있다!

3. 저희 집에 오신 걸 환영해요.

4. 주말에는 뭐하고 보내세요?

5. 취미가 뭐예요?

6. 저는 축구 팬이에요.

7. 영화가 정말 감동적이에요.

8. 그 콘서트는 정말 멋졌어요.

9. 그 공연은 재미없어요.

10. 경극 공연이 너무 멋졌어요.

정답

1 你能应邀吗?   2 这个派对很棒!   3 欢迎你来我们家。   4 你周末做什么?   5 你的爱好是什么啊?   6 我是个足球迷。   7 这部电影真感人。   8 那个音乐会非常棒。   9 那个演出没有意思。   10 京剧真是太棒了。

다음에 나오는 중국어가 무슨 뜻인지 우리말로 말해보세요.

1. 多谢你的邀请。

2. 你的家真漂亮啊。

3. 真是很相配的一对呀。

4. 我一般见朋友。

5. 今晚电视里播什么？

6. 我对摄影很感兴趣。

7. 我是个电影迷。

8. 我爱看武打片。

9. 那部电影很没有意思。

10. 我们进入了决赛。

정답

1 초대해 주셔서 감사합니다. 2 좋은 집에 사시네요. 3 정말 어울리는 한 쌍이에요. 4 저는 주로 친구들을 만나요. 5 오늘밤 TV에서 뭐해요? 6 저는 사진 찍는 것에 관심이 많아요. 7 저는 영화광이에요. 8 저는 액션 영화를 좋아해요. 9 그 영화는 지루했어요. 10 우리가 결승전에 진출했어요.

1

예약을 해야 하나요?
需 要 预 约 吗 ?
xū yào yù yuē ma
쒸 야오 위 위에 마

2

빈자리가 있나요?
有 空 位 吗 ?
yǒu kòng wèi ma
요우 콩 웨이 마

3

바에서 기다릴게요.
我 在 酒 吧 等 。
wǒ zài jiǔ bā děng
워 짜이 지우 빠 덩

4

신발을 벗고 들어가세요.
进 去 请 脱 鞋 子 。
jìn qù qǐng tuō xié zǐ
찐 취 칭 투오 시에 즈

5

자, 앉으세요.
来 , 请 坐 。
lái qǐng zuò
라이 칭 쭤

6

뭘 좋아하세요?
您 喜 欢 吃 什 么 ?
nín xǐ huān chī shén me
닌 시 후안 츠 선 머

7

일본 요리는 어떠세요?
日 本 菜 怎 么 样 ?
rì běn cài zěn me yàng
르 번 차이 전 머 양

8

저는 채식주의예요.
我 主 张 吃 素 。
wǒ zhǔ zhāng chī sù
워 주 짱 츠 쑤

9

요리를 하세요?
你烹饪吗?
nǐ pēng rèn ma
니 펑 런 마

10

전 가끔씩 요리를 해요.
我偶尔做菜。
wǒ ǒu ěr zuò cai
워 오우 얼 쭤 차이

11

배고파 죽겠어요.
我要饿死了。
wǒ yào è sǐ le
워 야오 어 스 러

12

밥 언제 먹어요?
什么时候吃饭啊?
shén me shí hòu chī fàn a
선 머 스 호우 츠 판 아

13

저녁상 다 차렸어요.
晚饭都上齐了。
wǎn fàn dōu shàng qí le
완 판 또우 쌍 치 러

14

밥 좀 더 주세요.
再给点儿饭。
zài gěi diǎnr fàn
짜이 게이 디알 판

15

국 한 그릇 더 주세요.
再给碗汤。
zài gěi wǎn tāng
짜이 게이 완 탕

16

저 먼저 일어날게요.
我先告辞了。
wǒ xiān gào cí le
워 씨앤 까오 츠 러

관광하기

Let's Talk 관광 정보 수집

① 어떤 관광이 인기가 있나요?

什 么 样 的 观 光 更 流 行 啊？
shén me yàng de guān guāng gèng liú xíng a
선 머 양 더 꾸안 꾸앙 껑 리우 싱 아

② 거기서 볼거리는 어떤 게 있나요?

这 里 有 什 么 可 看 的？
zhè lǐ yǒu shén me kě kàn de
쩌 리 요우 선 머 커 칸 더

③ 어디를 먼저 가야 할까요?

应 该 先 去 哪 儿 啊？
yīng gaī xiān qù nǎr a
잉 까이 씨앤 취 날 아

④ 이화원은 꼭 들려보세요.

你 一 定 要 去 颐 和 园 看 看。
nǐ yí dìng yào qù yí hé yuán kàn kan
니 이 띵 야오 취 이 허 위앤 칸 칸

⑤ 야간 투어를 하고 싶어요.

我 想 夜 间 旅 行。
wǒ xiǎng yè jiān lǚ xíng
워 시앙 예 찌앤 뤼 싱

⑥ 가장 인기 있는 투어는 뭔가요?

最 流 行 的 旅 行 是 什 么？
zuì liú xíng de lǚ xíng shì shén me
쭈이 리우 싱 더 뤼 싱 쓰 선 머

Let's Talk 관광안내소를 이용할 때

⑦ 여행 안내소는 어디에 있나요?

旅 行 咨 询 处 在 哪 儿 啊 ?
lǚ xíng zī xún chù zài nǎr a
뤼 싱 쯔 쉰 추 짜이 날 아

⑧ 관광 지도를 주세요.

请 给 我 旅 行 地 图 。
qǐng gěi wǒ lǚ xíng dì tú
칭 게이 워 뤼 싱 띠 투

⑨ 여기서 여행 예약을 할 수 있나요?

可 以 在 这 里 办 旅 行 预 订 吗 ?
kě yǐ zài zhè lǐ bàn lǚ xíng yù dìng ma
커 이 짜이 쩌 리 빤 뤼 싱 위 띵 마

⑩ 한국어를 하는 가이드가 있나요?

有 讲 韩 文 的 导 游 吗 ?
yǒu jiǎng hán wén de dǎo yóu ma
요우 지앙 한 원 더 다오 요우 마

Let's Talk 관광지 교통 안내

⑪ 유람선 타는 곳은 어디인가요?

坐 游 船 的 地 方 在 哪 儿 ?
zuò yóu chuán de dì fāng zài nǎr
쭤 요우 추안 더 띠 팡 짜이 날

⑫ 시내 관광버스가 있나요?

有 市 内 观 光 客 车 吗 ?
yǒu shì nèi guān guāng kè chē ma
요우 쓰 네이 꾸안 꾸앙 커 처 마

⑬ 택시 좀 불러주시겠어요?

请 帮 我 叫 辆 出 租 车 好 吗 ?
qǐng bāng wǒ jiào liàng chū zū chē hǎo ma
칭 빵 워 찌아오 리앙 추 쭈 처 하오 마

Let's Talk 관광지에서

⑭ 입장료는 얼마인가
요?

门 票 是 多 少 钱 ?
mén piào shì duō shǎo qián
먼 피아오 쓰 뚜오 사오 치앤

⑮ 오늘밤 좋은 공연이
있나요?

今 晚 有 好 看 的 演 出 吗 ?
jīn wǎn yǒu hǎo kàn de yǎn chū ma
찐 완 요우 하오 칸 더 이앤 추 마

⑯ 미술관의 안내책자
가 있나요?

有 美 术 馆 的 导 游 小 册 子 吗 ?
yǒu měi shù guǎn de dǎo yóu xiǎo cè zǐ ma
요우 메이 쑤 구안 더 다오 요우 시아오 처 즈 마

⑰ 이 지방의 명물 음식
이 무엇인가요?

这 个 地 方 有 什 么 特 色 菜 ?
zhè gè dì fāng yǒu shén me tè sè cai
쩌 꺼 띠 팡 요우 선 머 터 써 차이

⑱ 이 짐을 보관해 주시
겠어요?

请 帮 我 保 管 这 个 行 李 行 吗 ?
qǐng bāng wǒ bǎo guǎn zhè gè xíng lǐ xíng ma
칭 빵 워 바오 구안 쩌 꺼 싱 리 싱 마

Let's Talk 기념사진을 찍을 때

⑲ 사진 좀 찍어주시겠
어요?

麻 烦 您 给 照 张 相 行 吗 ?
má fan nín gěi zhào zhāng xiàng xíng ma
마 판 닌 게이 짜오 짱 씨앙 싱 마

⑳ 이 버튼을 누르시면
돼요.

按 这 个 钮 就 行 了 。
àn zhè gè niǔ jiù xíng le
안 쩌 꺼 니우 찌우 싱 러

㉑ 준비됐어요. 찍으세요.

我 们 都 准 备 好 了。照 吧。
wǒ men dōu zhǔn bèi hǎo le　zhào ba
워　먼　또우　준　뻬이　하오　러　　짜오　바

㉒ 여기서 사진 찍어도 되나요?

可 以 在 这 个 地 方 拍 照 吗？
kě yǐ zài zhè gè dì fāng pāi zhào ma
커　이　짜이　쩌　꺼　띠　팡　파이　짜오　마

㉓ 당신 사진을 찍어도 될까요?

给 你 照 张 相 好 吗？
gěi nǐ zhào zhāng xiàng hǎo ma
게이　니　짜오　짱　씨앙　하오　마

친구 사귀기

㉔ 저는 한국에서 왔어요. 당신은요?

我 从 韩 国 来。您 呢？
wǒ cóng hán guó lái　nín ne
워　총　한　구오　라이　닌　너

㉕ 혼자 여행하세요?

你 是 一 个 人 旅 行 吗？
nǐ shì yí gè rén lǚ xíng ma
니　쓰　이　꺼　런　뤼　싱　마

㉖ 우리 자리에서 함께 드시겠어요?

跟 我 们 合 桌 一 起 吃 好 吗？
gēn wǒ men hé zhuō yì qǐ chī hǎo ma
껀　워　먼　허　쭈오　이　치　츠　하오　마

㉗ 같이 한 시간이 정말 좋았어요.

跟 大 家 在 一 起 很 开 心。
gēn dà jiā zài yì qǐ hěn kāi xīn
껀　따　찌아　짜이　이　치　헌　카이　신

㉘ 즐거운 여행되세요!

祝 你 旅 行 愉 快！
zhù nǐ lǚ xíng yú kuài
쭈　니　뤼　싱　위　콰이

18 day 렌터카&자동차 이용

Let's Talk 차를 렌트할 때

① 자동차를 빌리고 싶어요.

我 想 租 用 一 辆 车。
wǒ xiǎng zū yòng yí liàng chē
워 시앙 쭈 용 이 리앙 처

② 3일 동안 렌트하고 싶은데요.

我 要 租 用 三 天。
wǒ yào zū yòng sān tiān
워 야오 쭈 용 싼 티앤

③ 소형차로 빌려주세요.

我 要 租 用 小 型 车。
wǒ yào zū yòng xiǎo xíng chē
워 야오 쭈 용 시아오 싱 처

④ 차를 어디에 돌려줘야 하나요?

我 应 该 把 车 还 到 哪 里？
wǒ yīng gāi bǎ chē huán dào nǎ lǐ
워 잉 까이 바 처 후안 따오 나 리

Let's Talk 운전할 때

⑤ 운전 잘 하세요?

你 车 开 得 好 吗？
nǐ chē kāi de hǎo ma
니 처 카이 더 하오 마

⑥ 저는 초보운전자예요.

我 刚 学 会 开 车。
wǒ gāng xué huì kāi chē
워 깡 쉬에 후이 카이 처

⑦ 안전벨트를 매세요.

请 系 好 安 全 带。
qǐng jì hǎo ān quán dài
칭 찌 하오 안 취앤 따이

⑧ 우측 차선으로 들어가 주세요.

请 开 进 右 边 的 车 道。
qǐng kāi jìn yòu bian de chē dào
칭 카이 찐 요우 비앤 더 처 따오

⑨ 에어컨 좀 켜주세요.

请 打 开 空 调。
qǐng dǎ kāi kōng tiáo
칭 다 카이 콩 티아오

⑩ 히터를 좀 줄여 주세요.

请 把 暖 气 调 小 一 点 儿。
qǐng bǎ nuǎn qì tiáo xiǎo yì diǎnr
칭 바 누안 치 티아오 시아오 이 디알

주유소를 이용할 때

⑪ 기름이 거의 다 됐어요.

汽 油 快 用 完 了。
qì yóu kuài yòng wán le
치 요우 콰이 용 완 러

⑫ 주유소를 찾고 있어요.

我 在 找 加 油 站。
wǒ zài zhǎo jiā yóu zhàn
워 짜이 자오 찌아 요우 짠

⑬ 기름을 가득 채워 주세요.

汽 油 要 加 得 满 满 的。
qì yóu yào jiā dé mǎn mǎn de
치 요우 야오 찌아 더 만 만 더

카센터를 이용할 때

⓮ 새 타이어로 바꿔주세요.

换 新 轮 胎 吧。
huàn xīn lún tāi ba
환 씬 룬 타이 바

⓯ 엔진 오일 좀 봐주시겠어요?

请 帮 我 看 一 下 发 动 机 的 润 滑 油
qǐng bāng wǒ kàn yí xià fā dòng jī de rùn huá yóu
칭 빵 워 칸 이 씨아 파 똥 찌 더 룬 후아 요우

⓰ 자동차를 점검하러 왔어요.

我 是 来 检 修 汽 车 的。
wǒ shì lái jiǎn xiū qì chē de
워 쓰 라이 지앤 씨우 치 처 더

⓱ 다른 비용은 없나요?

有 没 有 其 他 的 费 用?
yǒu méi yǒu qí tā de fèi yòng
요우 메이 요우 치 타 더 페이 용

⓲ 견적서를 좀 보내주시래요?

请 发 给 我 一 份 估 价 单。
qǐng fā gěi wǒ yí fèn gū jià dān
칭 파 게이 워 이 펀 꾸 찌아 딴

주차할 때

⓳ 여기에 주차해도 될까요?

这 里 可 以 停 车 吗?
zhè lǐ kě yǐ tíng chē ma
쩌 리 커 이 팅 처 마

⓴ 사무실 근처에 주차할 수 있나요?

办 公 室 附 近 可 不 可 以 停 车?
bàn gōng shì fù jìn kě bù kě yǐ tíng chē
빤 꽁 쓰 푸 찐 커 뿌 커 이 팅 처

㉑ 죄송해요, 여기에 주차하실 수 없어요.

不 好 意 思, 这 里 不 可 以 停 车。
bù hǎo yì si zhè lǐ bù kě yǐ tíng chē
뿌 하오 이 스 쩌 리 뿌 커 이 팅 처

㉒ 시내에는 유료주차장이 있어요.

市 内 有 收 费 停 车 场。
shì nèi yǒu shōu fèi tíng chē chǎng
쓰 네이 요우 쏘우 페이 팅 처 창

㉓ 시간당 주차요금이 얼마인가요?

停 车 费 一 个 小 时 多 少 钱?
tíng chē fèi yí gè xiǎo shí duō shǎo qián
팅 처 페이 이 꺼 시아오 스 뚜오 사오 치앤

교통 위반

㉔ 딱지를 끊겠습니다.

开 罚 单 了。
kāi fá dān le
카이 파 딴 러

㉕ 저는 속도를 지킨 것 같은데요.

我 没 有 超 速 啊。
wǒ méi yǒu chāo sù a
워 메이 요우 차오 쑤 아

㉖ 당신 차가 제 차를 막았어요.

你 的 车 挡 住 了 我 的 车。
nǐ de chē dǎng zhù le wǒ de chē
니 더 처 당 쭈 러 워 더 처

㉗ 저는 교통 표지판을 보지 못했어요.

我 没 有 看 到 交 通 牌。
wǒ méi yǒu kàn dào jiāo tōng pái
워 메이 요우 칸 따오 찌아오 통 파이

㉘ 한 번만 봐주세요.

就 请 原 谅 我 这 一 次 吧。
jiù qǐng yuán liàng wǒ zhè yí cì ba
찌우 칭 위앤 리앙 워 쩌 이 츠 바

19 day
택시와 대중교통

Let's Talk 택시를 이용할 때

① 트렁크에 여행 가방을 실을 수 있나요?

我 把 行 李 放 在 后 车 箱 里 好 吗 ?
wǒ bǎ xíng li fàng zài hòu chē xiāng lǐ hǎo ma
워 바 싱 리 팡 짜이호우 처 씨앙 리 하오 마

② (주소를 보여주며) 이 주소로 가주세요.

请 去 这 个 地 址 。
qǐng qù zhè gè dì zhǐ
칭 취 쩌 꺼 띠 즈

③ 여기서 기다려 주시겠어요?

请 在 这 儿 等 一 下 好 吗 ?
qǐng zài zhèr děng yí xià hǎo ma
칭 짜이 쩔 덩 이 씨아 하오 마

④ 시간이 없는데, 속도를 내주세요.

时 间 来 不 及 了 , 请 快 点 儿 开 。
shí jiān lái bù jí le qǐng kuài diǎnr kāi
스 찌앤 라이 뿌 지 러 칭 콰이 디알 카이

⑤ 잔돈은 그냥 가지세요.

零 钱 不 用 找 了 。
líng qián bú yòng zhǎo le
링 치앤 부 용 자오 러

⑥ 요금이 너무 많이 나온 것 같아요.

车 费 太 贵 了 。
chē fèi tài guì le
처 페이 타이 꾸이 러

Let's Talk 콜택시를 부를 때

❼ 택시 한 대 바로 보내 주시겠어요?

请 马 上 派 一 辆 出 租 汽 车 来 好 吗 ?
qǐng mǎ shàng pài yí liàng chū zū qì chē lái hǎo ma
칭 마 쌍 파이 이 리앙 추 쭈 치 처 라이 하오 마

❽ 택시를 어디로 보내 드릴까요?

出 租 汽 车 派 到 哪 儿 啊 ?
chū zū qì chē pài dào nǎr a
추 쭈 치 처 파이 따오 날 아

❾ 택시로 약 20분 걸립 니다.

打 的 大 概 需 要 二 十 分 钟 。
dǎ dī dà gài xū yào èr shí fēn zhōng
다 띠 따 까이 쒸 야오 얼 스 펀 쫑

Let's Talk 장거리버스를 이용할 때

❿ 버스가 얼마나 자주 다녀요?

公 共 汽 车 多 长 时 间 来 一 次 啊 ?
gōng gòng qì chē duō cháng shí jiān lái yí cì a
꽁 꽁 치 처 뚜오 창 스 찌앤 라이 이 츠 아

⓫ 다음 직행버스는 몇 시에 오나요?

下 一 班 直 通 汽 车 儿 点 到 啊 ?
xià yì bān zhí tōng qì chē jǐ diǎn dào a
씨아 이 빤 즈 통 치 처 지 디앤 따오 아

⓬ 그 버스는 몇 번 정차 하나요?

那 辆 公 车 中 间 停 儿 次 啊 ?
nà liàng gōng chē zhōng jiān tíng jǐ cì a
나 리앙 꽁 처 쫑 찌앤 팅 지 츠 아

⓭ 버스가 저녁 몇 시에 끊기나요?

公 共 汽 车 晚 上 儿 点 停 开 啊 ?
gōng gòng qì chē wǎn shàng jǐ diǎn tíng kāi a
꽁 꽁 치 처 완 쌍 지 디앤 팅 카이 아

 **Let's Talk** 버스를 이용할 때

⑭ 이 버스가 공항에 가
나요?

请 问 这 个 汽 车 到 机 场 吗 ?
qǐng wèn zhè gè qì chē dào jī chǎng ma
칭 원 쩌 꺼 치 처 따오 찌 창 마

⑮ 123번 버스는 어디
서 타야 하나요?

一 百 二 十 三 路 汽 车 在 哪 里 坐 啊 ?
yì bǎi èr shí sān lù qì chē zài nǎ lǐ zuò a
이 바이 얼 스 싼 루 치 처 짜이 나 리 쭤 아

⑯ 버스 요금은 얼마인
가요?

公 共 汽 车 费 是 多 少 钱 ?
gōng gòng qì chē fèi shì duō shǎo qián
꽁 꽁 치 처 페이 쓰 뚜오 사오 치앤

⑰ 제가 어디서 내려야
하는지 말씀해 주시겠
어요?

请 告 诉 我 在 哪 里 下 车 好 吗 ?
qǐng gào sù wǒ zài nǎ lǐ xià chē hǎo ma
칭 까오 쑤 워 짜이 나 리 씨아 처 하오 마

⑱ 정류장을 지나쳤어
요. 여기서 좀 내려주시
겠어요?

我 坐 过 站 了 。 请 在 这 里 停 一 下 好 吗
wǒ zuò guò zhàn le   qǐng zài zhè lǐ tíng yí xià hǎo ma
워 쭤 꿔 짠 러   칭 짜이 쩌 리 팅 이 씨아 하오 마

 **Let's Talk** 지하철을 이용할 때

⑲ 지하철 승차권은 어
디서 사나요?

请 问 地 铁 票 在 哪 儿 买 呀 ?
qǐng wèn dì tiě piào zài nǎr mǎi ya
칭 원 띠 티에 피아오 짜이 날 마이 야

⑳ 지하철 노선도 좀 주
세요.

请 给 我 一 张 地 铁 路 线 图 。
qǐng gěi wǒ yì zhāng dì tiě lù xiàn tú
칭 게이 워 이 짱 띠 티에 루 씨앤 투

㉑ 천안문 광장은 어디서 내려야 하나요?

请问去天安门广场在哪里下车？
qǐng wèn qù tiān ān mén guǎng chǎng zài nǎ lǐ xià chē
칭 원 취 티앤 안 먼 구앙 창 짜이 나 리 씨아 처

㉒ 다음 역은 어디인가요?

请问下一站是哪里？
qǐng wèn xià yí zhàn shì nǎ lǐ
칭 원 씨아 이 짠 쓰 나 리

㉓ 이곳이 갈아타는 곳인가요?

这里是换乘站吗？
zhè lǐ shì huàn chéng zhàn ma
쩌 리 쓰 후안 청 짠 마

Let's Talk 기차를 이용할 때

㉔ 상해 행 기차표를 예매하고 싶어요.

我要预定去上海的票。
wǒ yào yù dìng qù shàng hǎi de piào
워 야오 위 띵 취 쌍 하이 더 피아오

㉕ 더 빠른 열차 편은 없나요?

有没有再快一点的火车？
yǒu méi yǒu zài kuài yì diǎn de huǒ chē
요우 메이 요우 짜이 콰이 이 디앤 더 후오 처

㉖ 왕복 승차권을 주세요.

我要买往返车票。
wǒ yào mǎi wǎng fǎn chē piào
워 야오 마이 왕 판 처 피아오

㉗ 여기는 제 자리인 것 같은데요.

这里应该是我的位子。
zhè lǐ yīng gāi shì wǒ de wèi zǐ
쩌 리 잉 까이 쓰 워 더 웨이 즈

㉘ 식당칸은 어디인가요?

餐厅车厢在哪儿？
cān tīng chē xiāng zài nǎr
찬 팅 처 씨앙 짜이 날

컴퓨터와 사무기기 이용

Let's Talk 컴퓨터를 사용할 때

❶ 컴퓨터에 대해 잘 아세요?

你 熟 悉 电 脑 吗？
nǐ shú xī diàn nǎo ma
니 수 씨 띠앤 나오 마

❷ 이 소프트웨어에는 편리한 기능들이 많아요.

这 个 软 件 有 很 多 便 利 的 功 能。
zhè gè ruǎn jiàn yǒu hěn duō biàn lì de gōng néng
쩌 꺼 루안 찌앤 요우 헌 뚜오 삐앤 리 더 꽁 넝

❸ 전에 이 데이터베이스 사용해보신 적 있어요?

你 以 前 用 过 这 个 数 据 库 吗？
nǐ yǐ qián yòng guò zhè gè shù jù kù ma
니 이 치앤 용 꿔 쩌 꺼 쑤 쮜 쿠 마

❹ 이 소프트웨어 쓸 줄 아세요?

你 会 使 用 这 个 软 件 吗？
nǐ huì shǐ yòng zhè gè ruǎn jiàn ma
니 후이 스 용 쩌 꺼 루안 찌앤 마

❺ 이 소프트웨어 사용법을 알려주실래요?

告 诉 我 怎 么 使 用 这 个 软 件 好 吗？
gào sù wǒ zěn me shǐ yòng zhè gè ruǎn jiàn hǎo ma
까오 쑤 워 전 머 스 용 쩌 꺼 루안 찌앤 하오 마

❻ 저는 그것의 작동법을 잊어버렸어요.

我 忘 记 了 怎 么 操 作。
wǒ wàng jì le zěn me cāo zuò
워 왕 찌 러 전 머 차오 쭤

Let's Talk 문서를 만들 때

⑦ 컴퓨터로 뭘 만들고 있어요?

你 在 用 电 脑 做 什 么 呢 ?
nǐ zài yòng diàn nǎo zuò shén me ne
니 짜이 용 띠앤 나오 쭤 선 머 너

⑧ 프레젠테이션용 자료를 만들고 있어요.

我 在 做 一 些 会 议 上 要 用 的 资 料 。
wǒ zài zuò yì xiē huì yì shàng yào yòng de zī liào
워 짜이 쭤 이 씨에 후이 이 쌍 야오 용 더 쯔 리아오

⑨ 오늘 프레젠테이션 준비 다 됐나요?

今 天 的 会 议 都 准 备 好 了 吗 ?
jīn tiān de huì yì dōu zhǔn bèi hǎo le ma
찐 티앤 더 후이 이 또우 준 뻬이 하오 러 마

⑩ 서류를 또 고쳐야 하나요?

文 件 还 需 要 修 改 吗 ?
wén jiàn hái xū yào xiū gǎi ma
원 찌앤 하이 쒸 야오 씨우 가이 마

Let's Talk 인터넷을 사용할 때

⑪ 인터넷을 이용하고 싶어요.

我 想 上 网 。
wǒ xiǎng shàng wǎng
워 시앙 쌍 왕

⑫ 인터넷에서 찾아보는 게 어때요?

你 在 网 络 上 找 找 看 怎 么 样 。
nǐ zài wǎng luò shàng zhǎo zhǎo kàn zěn me yàng
니 짜이 왕 루오 쌍 자오 자오 칸 전 머 양

⑬ 저는 인터넷에서 이 정보를 수집했어요.

我 是 在 网 络 上 搜 集 的 这 个 信 息 。
wǒ shì zài wǎng luò shàng sōu jí de zhè gè xìn xī
워 쓰 짜이 왕 루오 쌍 쏘우 지 더 쩌 꺼 씬 씨

이메일 확인

⓮ 존슨 씨에게 이메일을 보냈어요.

我 给 约 翰 逊 先 生 发 了 伊 妹 儿。
wǒ gěi yuē hàn xùn xiān shēng fā le yī mèir
워 게이 위에 한 쒼 씨앤 셩 파 러 이 멜

⓯ 자세한 내용은 이메일로 알려드릴게요.

详 细 的 内 容 我 给 你 发 伊 妹 儿。
xiáng xì de nèi róng wǒ gěi nǐ fā yī mèir
시앙 씨 더 네이 롱 워 게이 니 파 이 멜

⓰ 저한테 온 이메일을 확인할 수 있나요?

我 能 确 认 一 下 发 给 我 的 伊 妹 儿 吗?
wǒ néng què rèn yí xià fā gěi wǒ de yī mèir ma
워 넝 취에 런 이 씨아 파 게이 워 더 이 멜 마

⓱ 이메일에 첨부된 파일을 열 수 없군요.

我 打 不 开 你 伊 妹 儿 上 的 附 加 文 件。
wǒ dǎ bù kāi nǐ yī mèir shàng de fù jiā wén jiàn
워 다 뿌 카이 니 이 멜 쌍 더 푸 찌아 원 찌앤

홈페이지 확인

⓲ 당신 회사의 웹 사이트가 있나요?

你 有 公 司 网 站 吗?
nǐ yǒu gōng sī wǎng zhàn ma
니 요우 꽁 쓰 왕 짠 마

⓳ 저희 홈페이지에 들어오신 적이 있나요?

你 到 我 们 的 网 页 看 过 吗?
nǐ dào wǒ men de wǎng yè kàn guò ma
니 따오 워 먼 더 왕 예 칸 꿔 마

⓴ 자세한 내용은 저희 홈페이지를 참조하세요.

详 细 的 内 容 请 参 照 我 们 的 网 页。
xiáng xì de nèi róng qǐng cān zhào wǒ men de wǎng yè
시앙 씨 더 네이 롱 칭 찬 짜오 워 먼 더 왕 예

Let's Talk 팩스나 복사기 이용

㉑ 팩스를 보낼 수 있을까요?

可 以 发 传 真 吗?
kě yǐ fā chuán zhēn ma
커 이 파 추안 쩐 마

㉒ 제 앞으로 팩스 들어온 게 있나요?

有 没 有 发 给 我 的 传 真?
yǒu méi yǒu fā gěi wǒ de chuán zhēn
요우 메이 요우 파 게이 워 더 추안 쩐

㉓ 이 복사기는 고장 났어요.

这 个 复 印 机 出 毛 病 了。
zhè gè fù yìn jī chū máo bìng le
쩌 꺼 푸 인 찌 추 마오 삥 러

㉔ 수리하는 사람 좀 바로 불러주실래요?

请 马 上 叫 修 理 的 人 好 吗?
qǐng mǎ shàng jiào xiū lǐ de rén hǎo ma
칭 마 쌍 찌아오 씨우 리 더 런 하오 마

Let's Talk 사용법과 기능 문의

㉕ 이걸 어떻게 사용하는지 모르겠군요.

这 个 我 不 知 道 怎 么 用。
zhè gè wǒ bù zhī dào zěn me yòng
쩌 꺼 워 뿌 쯔 따오 전 머 용

㉖ 주요기능에 대해 설명해 드릴게요.

我 来 说 明 一 下 主 要 功 能。
wǒ lái shuō míng yí xià zhǔ yào gōng néng
워 라이 쑤오 밍 이 씨아 주 야오 꽁 넝

㉗ 제품의 세부적인 내용에 대해 설명해 드릴게요.

我 来 详 细 介 绍 一 下 这 个 产 品。
wǒ lái xiáng xì jiè shào yí xià zhè ge chǎn pǐn
워 라이 시앙 씨 찌에 싸오 이 씨아 쩌 거 찬 핀

다음에 나오는 우리말을 중국어로 말해 보세요.

1. 거기서 볼거리는 어떤 게 있나요?

2. 관광 지도를 주세요.

3. 사진 좀 찍어주시겠어요?

4. 에어컨 좀 켜주세요.

5. 여기에 주차해도 될까요?

6. (주소를 보여주며) 이 주소로 가주세요.

7. 다음 역은 어디인가요?

8. 여기는 제 자리인 것 같은데요.

9. 인터넷을 이용하고 싶어요.

10. 팩스를 보낼 수 있을까요?

● 정답

1 这里有什么可看的？　2 请给我旅行地图。　3 麻烦您给照张相行吗？　4 请打开空调。
5 这里可以停车吗？　6 请去这个地址。　7 请问下一站是哪里？　8 这里应该是我的位子。　9 我想上网。　10 可以发传真吗？

1. 坐游船的地方在哪儿？

2. 门票是多少钱？

3. 祝你旅行愉快！

4. 我在找加油站。

5. 我没有看到交通牌。

6. 车费太贵了。

7. 公共汽车费是多少钱？

8. 我要预定去上海的票。

9. 你有公司网站吗？

10. 这个复印机出毛病了。

● 정답 ●

1 유람선 타는 곳은 어디인가요?　2 입장료는 얼마인가요?　3 즐거운 여행되세요!
4 주유소를 찾고 있어요.　5 저는 교통 표지판을 보지 못했어요.　6 요금이 너무 많이
나온 것 같아요.　7 버스 요금은 얼마인가요?　8 상해 행 기차표를 예매하고 싶어요.
9 당신 회사의 웹 사이트가 있나요?　10 이 복사기는 고장 났어요.

1

누구에게 물어봐야 해요?
应 该 问 谁 呢 ?
yīng gāi wèn shéi ne
잉 까이 원 쉐이 너

2

더 이상 물어보지 마세요.
请 不 要 再 问 了 。
qǐng bú yào zài wèn le
칭 부 야오 짜이 원 러

3

그건 비밀이에요.
那 是 秘 密 。
nà shì mì mì
나 쓰 미 미

4

대답하고 싶지 않아요.
我 不 想 回 答 。
wǒ bù xiǎng huí dá
워 뿌 시앙 후이 다

5

잠깐 주목해 주세요.
请 大 家 注 意 。
qǐng dà jiā zhù yì
칭 따 찌아 쭈 이

6

내 말 좀 들어봐.
你 听 我 说 。
nǐ tīng wǒ shuō
니 팅 워 쑤오

7

너에게 좀 물어볼 말이 있어.
我 有 话 想 问 你 。
wǒ yǒu huà xiǎng wèn nǐ
워 요우 화 시앙 원 니

8

바로 그렇게 된 거였어요.
就 是 那 么 回 事 。
jiù shì nà me huí shì
찌우 쓰 나 머 후이 쓰

9

말뜻을 알겠어요?

你 听 明 白 了 吗？
nǐ tīng míng bai le ma
니 팅 밍 바이 러 마

10

정말이야?

是 真 的 吗？
shì zhēn de ma
쓰 쩐 더 마

11

지금 나 놀리는 거야?

你 是 在 逗 我 吗？
nǐ shì zài dòu wǒ ma
니 쓰 짜이 또우 워 마

12

농담이에요.

开 玩 笑 啦。
kāi wán xiào la
카이 완 씨아오 라

13

그건 오해입니다.

那 是 误 会。
nà shì wù huì
나 쓰 우 후이

14

그런 뜻이 아니에요.

我 不 是 那 个 意 思。
wǒ bú shì nà gè yì si
워 부 쓰 나 꺼 이 스

15

내가 어디까지 말했죠?

我 说 到 哪 里 啦？
wǒ shuō dào nǎ lǐ la
워 쑤오 따오 나 리 라

16

내가 무슨 말을 했죠?

我 说 什 么 来 着？
wǒ shuō shén me lái zhe
워 쑤오 선 머 라이 저

TALK! TALK!

CHINESE!

PART

3

장소 표현

PLACE

Let's Talk 우편요금에 대해

① 우표는 어디에서 파나요?

哪 里 卖 邮 票 啊？
nǎ lǐ mài yóu piào a
나 리 마이 요우피아오 아

② 빠른우편으로 부치면 얼마인가요?

寄 快 件 多 少 钱 啊？
jì kuài jiàn duō shǎo qián ā
찌 콰이 찌앤 뚜오 사오 치앤 아

③ 이 편지에 얼마짜리 우표를 붙여야 해요?

这 封 信 应 该 用 多 少 钱 的 邮 票 啊？
zhè fēng xìn yīng gāi yòng duō shǎo qián de yóu piào a
쩌 펑 씬 잉 까이 용 뚜오 사오 치앤 더 요우피아오 아

④ 1달러짜리 우표 5장 주세요.

请 给 我 五 张 一 美 金 的 邮 票。
qǐng gěi wǒ wǔ zhāng yì měi jīn de yóu piào
칭 게이 워 우 짱 이 메이 찐 더 요우 피아오

Let's Talk 일반 우편물 보낼 때

⑤ 보통우편으로 보내 주세요.

请 寄 一 般 邮 件。
qǐng jì yì bān yóu jiàn
칭 찌 이 빤 요우 찌앤

⑥ 빠른우편으로 부치고 싶어요.

我 想 寄 快 件。
wǒ xiǎng jì kuài jiàn
워 시앙 찌 콰이 찌앤

⑦ 이 엽서를 한국으로 보내고 싶어요.

我 想 把 这 张 明 信 片 寄 到 韩 国 去。
wǒ xiǎng bǎ zhè zhāng míng xìn piàn jì dào hán guó qù
워 시앙 바 쩌 짱 밍 씬 피앤 찌 따오 한 구오 취

⑧ 한국까지 선박편으로 보내주세요.

请 用 船 运 寄 到 韩 国。
qǐng yòng chuán yùn jì dào hán guó
칭 용 추안 윈 찌 따오 한 구오

⑨ 모두 항공편으로 보내 주세요.

请 全 部 寄 航 空 快 件。
qǐng quán bù jì háng kōng kuài jiàn
칭 취앤 뿌 찌 항 콩 콰이 찌앤

⑩ 언제 도착하나요?

什 么 时 候 到 啊?
shén me shí hòu dào a
선 머 스 호우 따오 아

등기 우편물 보낼 때

⑪ 이 편지를 등기로 해 주세요.

这 封 信 请 寄 挂 号。
zhè fēng xìn qǐng jì guà hào
쩌 펑 씬 칭 찌 꽈 하오

⑫ 한국으로 부쳐주실 수 있나요?

能 给 寄 到 韩 国 吗?
néng gěi jì dào hán guó ma
넝 게이 찌 따오 한 구오 마

⑬ 요금은 얼마인가요?

邮 费 是 多 少 啊?
yóu fèi shì duō shǎo a
요우 페이 쓰 뚜오 사오 아

⑭ 이 소포를 한국에 보내고 싶어요.

我 想 把 这 个 包 裹 寄 往 韩 国。
wǒ xiǎng bǎ zhè gè bāo guǒ jì wǎng hán guó
워 시앙 바 쩌 꺼 빠오 구오 찌 왕 한 구오

⑮ 여기서 소포용 박스를 파나요?

这 儿 有 卖 装 包 裹 的 纸 箱 吗?
zhèr yǒu mài zhuāng bāo guǒ de zhǐ xiāng ma
쩔 요우 마이 쭈앙 빠오 구오 더 즈 씨앙 마

⑯ 이 소포의 무게를 달아주실래요?

请 称 称 这 个 包 裹 的 重 量, 好 吗?
qǐng chēng chēng zhè gè bāo guǒ de zhòng liàng hǎo ma
칭 청 청 쩌 꺼 빠오 구오 더 쫑 리앙 하오 마

⑰ 소포에 무엇이 들어 있나요?

包 裹 里 边 装 有 什 么 啊?
bāo guǒ lǐ biān zhuāng yǒu shén me a
빠오 구오 리 삐앤 쭈앙 요우 선 머 아

⑱ 깨질 만한 것은 없나요?

有 没 有 容 易 破 碎 的 物 品 啊?
yǒu méi yǒu róng yì pò suì de wù pǐn a
요우 메이 요우 롱 이 포 쑤이 더 우 핀 아

⑲ 소포를 보험에 들어주세요.

请 将 你 的 包 裹 加 入 保 险 吧。
qǐng jiāng nǐ de bāo guǒ jiā rù bǎo xiǎn ba
칭 찌앙 니 더 빠오 구오 찌아 루 바오 시앤 바

⑳ 언제 거기에 도착할 수 있을까요?

那 个 什 么 时 候 会 到 啊?
nà gè shén me shí hòu huì dào a
나 꺼 선 머 스 호우 후이 따오 아

㉑ 보통 4~5일 걸립니다.

一 般 需 要 四 到 五 天 的 时 间。
yì bān xū yào sì dào wǔ tiān de shí jiān
이 빤 쒸 야오 쓰 따오 우 티앤 더 스 찌앤

전보를 보낼 때

㉒ 전보를 치고 싶어요.

我 想 发 电 报。
wǒ xiǎng fā diàn bào
워 시앙 파 띠앤 빠오

㉓ 한국으로 전보를 치고 싶어요.

我 想 往 韩 国 发 电 报。
wǒ xiǎng wǎng hán guó fā diàn bào
워 시앙 왕 한 구오 파 띠앤 빠오

㉔ 긴급 해외전보를 부탁해요.

我 要 往 国 外 发 紧 急 电 报。
wǒ yào wǎng guó wài fā jǐn jí diàn bào
워 야오 왕 구오 와이 파 진 지 띠앤 빠오

기타 문의사항이 있을 때

㉕ 이 근처에 우체국이 있나요?

这 儿 附 近 有 邮 局 吗？
zhèr fù jìn yǒu yóu jú ma
쩔 푸 찐 요우 요우 쥐 마

㉖ 몇 시에 문을 닫나요?

请 问 儿 点 关 门？
qǐng wèn jǐ diǎn guān mén
칭 원 지 디앤 꾸안 먼

㉗ 우체통은 어디에 있나요?

哪 里 有 邮 筒 啊？
nǎ lǐ yǒu yóu tǒng a
나 리 요우 요우 통 아

㉘ 판매용 기념우표가 있나요?

有 用 于 销 售 的 纪 念 邮 票 吗？
yǒu yòng yú xiāo shòu de jì niàn yóu piào ma
요우 용 위 씨아오 쏘우 더 찌 니앤 요우 피아오 마

22 day 은행에서

Let's Talk 입금이나 출금할 때

① 예금하려고 해요.

我 要 存 款 。
wǒ yào cún kuǎn
워 야오 춘 쿠안

② 돈을 찾고 싶어요.

我 要 取 钱 。
wǒ yào qǔ qián
워 야오 취 치앤

③ 예금을 인출하고 싶어요.

我 要 把 钱 取 出 来 。
wǒ yào bǎ qián qǔ chū lái
워 야오 바 치앤 취 추 라이

④ 돈을 어떻게 드리면 될까요?

怎 么 样 给 你 钱 啊 ？
zěn me yàng gěi nǐ qián a
전 머 양 게이 니 치앤 아

⑤ 현금으로 드릴까요, 수표로 드릴까요?

给 你 现 金 还 是 支 票 ？
gěi nǐ xiàn jīn hái shì zhī piào
게이 니 씨앤 찐 하이 쓰 쯔 피아오

⑥ 현금으로 주실 수 있나요?

能 给 我 现 金 吗 ？
néng gěi wǒ xiàn jīn ma
넝 게이 워 씨앤 찐 마

Let's Talk 환전할 때

❼ 오늘 환율은 어떤가요?

今 天 的 汇 率 是 多 少 啊 ?
jīn tiān de huì lǜ shì duō shǎo a
찐 티앤 더 후이 뤼 쓰 뚜오 사오 아

❽ 환전 수수료는 얼마인가요?

兑 换 手 续 费 是 多 少 ?
duì huàn shǒu xù fèi shì duō shǎo
뚜이 환 소우 쒸 페이 쓰 뚜오 사오

❾ 이 달러를 인민폐로 바꿔주세요.

请 把 美 金 换 成 人 民 币 。
qǐng bǎ měi jīn huàn chéng rén mín bì
칭 바 메이 찐 환 청 런 민 삐

❿ 이 여행자수표를 현금으로 바꾸고 싶어요.

我 想 把 这 旅 行 支 票 换 成 现 金 。
wǒ xiǎng bǎ zhè lǚ xíng zhī piào huàn chéng xiàn jīn
워 시앙 바 쩌 뤼 싱 쯔 피아오 환 청 씨앤 찐

Let's Talk 지폐나 잔돈으로 바꿀 때

⓫ 지폐를 동전으로 바꿔주시겠어요?

请 把 纸 币 换 成 硬 币 好 吗 ?
qǐng bǎ zhǐ bì huàn chéng yìng bì hǎo ma
칭 바 즈 비 환 청 잉 삐 하오 마

⓬ 이것을 잔돈으로 바꿀 수 있나요?

这 个 可 以 换 成 零 钱 吗 ?
zhè gè kě yǐ huàn chéng líng qián ma
쩌 꺼 커 이 환 청 링 치앤 마

⓭ 고액권으로 드릴까요, 소액권으로 드릴까요?

你 要 大 额 的 , 还 是 小 额 的 。
nǐ yào dà é de hái shi xiǎo é de
니 야오 따 어 더 하이 스 시아오 어 더

⑭ 통장을 개설하고 싶어요.

我 想 开 个 帐 户。
wǒ xiǎn kāi gè zhàng hù
워 시앙 카이 꺼 짱 후

⑮ 어떤 예금을 원하세요?

你 想 开 什 么 样 的 帐 户 啊?
nǐ xiǎng kāi shén me yàng de zhàng hù a
니 시앙 카이 선 머 양 더 짱 후 아

⑯ 이자는 어느 정도 되나요?

利 息 有 多 少 啊?
lì xī yǒu duō shǎo a
리 씨 요우 뚜오 사오 아

⑰ 예금을 해약하려고 해요.

我 想 把 存 款 全 部 取 出 来。
wǒ xiǎng bǎ cún kuǎn quán bù qǔ chū lái
워 시앙 바 춘 쿠안 취앤 뿌 취 추 라이

⑱ 이 양식을 작성해 주세요.

请 填 写 一 下 这 个 表 格。
qǐng tián xiě yí xià zhè gè biǎo gé
칭 티앤 시에 이 씨아 쩌 꺼 비아오 거

⑲ 어떻게 돈을 인출하나요?

怎 么 取 钱 啊?
zěn me qǔ qián a
전 머 취 치앤 아

⑳ 어떻게 입금을 하나요?

怎 么 样 入 款 啊?
zěn me yàng rù kuǎn a
전 머 양 루 쿠안 아

㉑ 여기에 당신카드를
넣어주세요.

请 把 你 的 卡 插 入 这 里 边。
qǐng bǎ nǐ de kǎ chā rù zhè lǐ biān
칭 바 니 더 카 차 루 쩌 리 삐앤

㉒ 비밀번호를 입력하
세요.

请 输 入 密 码。
qǐng shū rù mì mǎ
칭 쑤 루 미 마

㉓ 승인을 눌러주세요.

请 按 承 认 键。
qǐng àn chéng rèn jiàn
칭 안 청 런 찌앤

Let's Talk 신용카드와 대출 문의

㉔ 신용카드를 신청하
려고 해요.

我 想 申 请 一 张 信 用 卡。
wǒ xiǎng shēn qǐng yì zhāng xìn yòng kǎ
워 시앙 썬 칭 이 짱 씬 용 카

㉕ 신용카드가 언제 발
급이 되나요?

信 用 卡 什 么 时 候 能 取 啊?
xìn yòng kǎ shén me shí hòu néng qǔ a
씬 용 카 선 머 스 호우 넝 취 아

㉖ 대출을 받을 수 있을
까요?

我 能 申 请 贷 款 吗?
wǒ néng shēn qǐng dài kuǎn ma
워 넝 썬 칭 따이 쿠안 마

㉗ 대출 받는 데 얼마나
걸릴까요?

申 请 贷 款 需 要 多 久 啊?
shēn qǐng dài kuǎn xū yào duō jiǔ a
썬 칭 따이 쿠안 쒸 야오 뚜오 지우 아

㉘ 주택융자를 받을 수
있을까요?

我 能 够 申 请 住 房 贷 款 吗?
wǒ néng gòu shēn qǐng zhù fáng dài kuǎn ma
워 넝 꼬우 썬 칭 쭈 팡 따이 쿠안 마

쇼핑센터에서

Let's Talk 매장 위치를 찾거나 둘러볼 때

❶ 기념품 가게는 어디에 있나요?

请 问 哪 里 有 纪 念 品 店 啊?
qǐng wèn nǎ lǐ yǒu jì niàn pǐn diàn a
칭 원 나 리 요우 찌 니앤 핀 띠앤 아

❷ 가전제품 매장은 어디에 있나요?

请 问 家 用 电 器 在 哪 儿 卖?
qǐng wèn jiā yòng diàn qì zài nǎr mài
칭 원 찌아 용 띠앤 치 짜이 날 마이

❸ 그냥 구경하는 거예요.

我 只 是 看 看 而 已。
wǒ zhǐ shì kàn kan ér yǐ
워 즈 쓰 칸 칸 얼 이

❹ 마음에 드는 게 없네요. 다음에 올게요.

没 有 看 好 的。 我 下 回 再 来。
méi yǒu kàn hǎo de wǒ xià huí zài lái
메이 요우 칸 하오 더 워 씨아 후이 짜이 라이

Let's Talk 영업시간과 세일 문의

❺ 영업시간이 어떻게 되세요?

请 问 一 下 营 业 时 间?
qǐng wèn yí xià yíng yè shí jiān
칭 원 이 씨아 잉 예 스 찌앤

⑥ 저희는 7시까지 영업
해요.

我 们 营 业 时 间 到 七 点。
wǒ men yíng yè shí jiān dào qī diǎn
워 먼 잉 예 스 찌앤 따오 치 디앤

⑦ 지금 세일 기간인가
요?

请 问 现 在 是 减 价 期 间 吗?
qǐng wèn xiàn zài shì jiǎn jià qī jiān ma
칭 원 씨앤 짜이 쓰 지앤 찌아 치 찌앤 마

⑧ 한 번에 많이 사면 값
이 좀 싼가요?

一 次 多 买 的 话 会 便 宜 点 儿 吗?
yí cì duō mǎi de huà huì pián yi diǎnr ma
이 츠 뚜오 마이 더 화 후이 피앤 이 디알 마

상품을 고를 때

⑨ 다른 모델이 있나요?

有 没 有 其 他 的 款 式?
yǒu méi yǒu qí tā de kuǎn shì
요우 메이 요우 치 타 더 쿠안 쓰

⑩ 같은 디자인으로 다
른 색상이 있나요?

同 样 的 款 式 有 其 他 颜 色 吗?
tóng yàng de kuǎn shì yǒu qí tā yán sè ma
통 양 더 쿠안 쓰 요우 치 타 이앤 써 마

⑪ 입어보는 곳이 어디
에 있어요?

请 问 试 衣 室 在 哪 儿?
qǐng wèn shì yī shì zài nǎr
칭 원 쓰 이 쓰 짜이 날

⑫ 너무 꽉 끼는데요. 한
사이즈 큰 게 있나요?

太 紧 了。有 没 有 大 一 号 的?
tài jǐn le yǒu méi yǒu dà yí hào de
타이 진 러 요우 메이 요우 따 이 하오 더

⑬ 도금한 건가요?

是 镀 金 的 吗?
shì dù jīn de ma
쓰 뚜 찐 더 마

⑭ 이것은 얼마인가요?

这 个 多 少 钱 啊 ?
zhè gè duō shǎo qián a
쩌 꺼 뚜오 사오 치앤 아

⑮ 모두 얼마인가요?

一 共 多 少 钱 啊 ?
yí gòng duō shǎo qián a
이 꽁 뚜오 사오 치앤 아

⑯ 예상보다 비싸네요.

比 预 想 的 要 贵 。
bǐ yù xiǎng de yào guì
비 위 시앙 더 야오 꾸이

⑰ 좀 깎아주시겠어요?

请 便 宜 一 点 儿 吧 ?
qǐng pián yi yì diǎnr ba
칭 피앤 이 이 디알 바

⑱ 현금으로 지불할게요.

我 要 付 现 金 。
wǒ yào fù xiàn jīn
워 야오 푸 씨앤 찐

⑲ 신용카드도 받나요?

可 以 用 信 用 卡 支 付 吗 ?
kě yǐ yòng xìn yòng kǎ zhī fù ma
커 이 용 씬 용 카 쯔 푸 마

⑳ 할부로 구입할 수 있어요?

可 以 分 期 付 款 吗 ?
kě yǐ fēn qī fù kuǎn ma
커 이 펀 치 푸 쿠안 마

㉑ 거스름돈이 안 맞는 것 같아요.

你 好 像 找 错 钱 了 。
nǐ hǎo xiàng zhǎo cuò qián le
니 하오 씨앙 자오 춰 치앤 러

 **Let's Talk** 포장이나 배달 문의

㉒ 따로따로 포장해 주세요.

请 分 开 包 装。
qǐng fēn kāi baō zhuāng
칭 펀 카이 빠오 쭈앙

㉓ 선물용으로 포장해 주세요.

我 要 送 礼, 请 包 得 好 看 一 些。
wǒ yào sòng lǐ qǐng baō de hǎo kàn yì xiē
워 야오 쏭 리 칭 빠오 더 하오 칸 이 씨에

㉔ 제 호텔로 배달해 주세요.

请 送 到 我 住 的 饭 店。
qǐng sòng dào wǒ zhù de fàn diàn
칭 쏭 따오 워 쭈 더 판 띠앤

 **Let's Talk** 교환이나 환불할 때

㉕ 다른 것으로 교환할 수 있나요?

可 以 换 别 的 吗?
kě yǐ huàn bié de ma
커 이 환 비에 더 마

㉖ 치수를 바꿔주세요.

请 给 我 换 尺 寸。
qǐng gěi wǒ huàn chǐ cùn
칭 게이 워 환 츠 춘

㉗ 이것을 환불받고 싶어요.

我 想 要 退 货。
wǒ xiǎng yào tuì huò
워 시앙 야오 투이 훠

㉘ 제대로 작동이 안 되는군요.

不 能 正 常 使 用。
bù néng zhèng cháng shǐ yòng
뿌 넝 쩡 창 스 용

다음에 나오는 우리말을 중국어로 말해 보세요.

1. 빠른우편으로 부치고 싶어요.

2. 언제 도착하나요?

3. 요금은 얼마인가요?

4. 오늘 환율은 어떤가요?

5. 어떻게 돈을 인출하나요?

6. 어떻게 입금을 하나요?

7. 그냥 구경하는 거예요.

8. 입어보는 곳이 어디에 있어요?

9. 모두 얼마인가요?

10. 다른 것으로 교환할 수 있나요?

정답

1 我想寄快件。　　2 什么时候到啊？　　3 邮费是多少啊？　　4 今天的汇率是多少啊？　　5 怎么取钱啊？　　6 怎么样入款啊？　　7 我只是看看而已。　　8 请问试衣室在哪儿？　　9 一共多少钱啊？　　10 可以换别的吗？

1. 请全部寄航空快件。

2. 我想把这个包裹寄往韩国。

3. 这儿附近有邮局吗？

4. 我要存款。

5. 兑换手续费是多少？

6. 利息有多少啊？

7. 请问一下营业时间？

8. 请便宜一点儿吧？

9. 你好像找错钱了。

10. 请分开包装。

● 정답

1 모두 항공편으로 보내 주세요.　2 이 소포를 한국에 보내고 싶어요.　3 이 근처에 우체국이 있나요?　4 예금하려고 해요.　5 환전 수수료는 얼마인가요?　6 이자는 어느 정도 되나요?　7 영업시간이 어떻게 되세요?　8 좀 깎아주시겠어요?　9 거스름돈이 안 맞는 것 같아요.　10 따로따로 포장해 주세요.

1

네, 그래요.
是 的 ， 好 吧 。
shì de hǎo ba
쓰 더 하오 바

2

기꺼이 하겠습니다.
我 很 乐 意 。
wǒ hěn lè yì
워 헌 러 이

3

그렇지 않습니다.
不 是 那 样 子 。
bú shi nà yàng zi
부 쓰 나 양 즈

4

물론 아닙니다.
当 然 不 是 。
dāng rán bú shì
땅 란 부 쓰

5

그건 무리예요.
那 太 勉 强 啦 。
nà tài miǎn qiǎng la
나 타이 미앤 치앙 라

6

전적으로 찬성합니다.
我 完 全 赞 成 。
wǒ wán quán zàn chéng
워 완 취앤 짠 청

7

바로 그거예요.
就 是 那 个 。
jiù shì nà gè
찌우 쓰 나 꺼

8

당신 말에 일리가 있군요.
你 的 话 有 道 理 。
nǐ de huà yǒu dào lǐ
니 더 화 요우 따오 리

9

절대 동의할 수 없어요.
我 决 不 能 同 意 。
wǒ jué bù néng tóng yì
워 쥐에 뿌 넝 통 이

10

당신 완전히 잘못 알고 있군요.
你 完 全 搞 错 了 。
nǐ wán quán gǎo cuò le
니 완 취앤 가오 춰 러

11

협상을 합시다.
我 们 来 协 商 吧 。
wǒ men lái xié shāng ba
워 먼 라이 시에 쌍 바

12

우리가 유리해요.
我 们 有 利 。
wǒ men yǒu lì
워 먼 요우 리

13

우리가 불리해요.
我 们 不 利 。
wǒ men bú lì
워 먼 부 리

14

당신 결정에 달렸어요.
在 于 你 的 决 定 。
zài yú nǐ de jué dìng
짜이 위 니 더 쥐에 띵

15

저는 가능하다고 봐요.
我 想 你 可 以 。
wǒ xiǎng nǐ kě yǐ
워 시앙 니 커 이

16

저는 그렇게 보지 않아요.
我 不 那 么 看 。
wǒ bú nà me kàn
워 부 나 머 칸

24 day

식당에서

Let's Talk 식당을 예약할 때

① 오늘 밤 7시에 예약하고 싶어요.

我 要 预 定 今 晚 七 点。
wǒ yào yù dìng jīn wǎn qī diǎn
워 야오 위 띵 찐 완 치 디앤

② 7명이 앉을 만한 자리가 있나요?

有 七 个 人 坐 的 席 位 吗?
yǒu qī gè rén zuò de xí wèi ma
요우 치 꺼 런 쭤 더 시 웨이 마

③ 6시에 이수진 이름으로 예약했는데요.

六 点 以 李 秀 真 的 名 字 预 定 的。
liù diǎn yǐ lǐ xiù zhēn de míng zi yù dìng de
리우 디앤 이 리 씨우 쩐 더 밍 즈 위 띵 더

④ 유감스럽지만, 예약을 취소해야 할 것 같아요.

很 抱 歉, 我 要 取 消 预 约。
hěn bào qiàn wǒ yào qǔ xiāo yù yuē
헌 빠오 치앤 워 야오 취 씨아오 위 위에

Let's Talk 식당의 자리 안내

⑤ 오늘 밤 8시에 예약했는데요.

预 定 的 是 今 晚 八 点。
yù dìng de shì jīn wǎn bā diǎn
위 띵 더 쓰 찐 완 빠 디앤

❻ 창가 쪽 자리에 앉을 수 있을까요?

能 坐 靠 窗 的 位 子 吗 ?
néng zuò kào chuāng de wèi zi ma
넝 쭤 카오 추앙 더 웨이 즈 마

❼ 더 큰 테이블은 없나요?

有 没 有 再 大 一 点 的 桌 子 ?
yǒu méi yǒu zài dà yì diǎn de zhuō zi
요우 메이 요우 짜이 따 이 디앤 더 쭈오 즈

❽ 일행이 몇 분이나 되세요?

一 行 有 几 个 人 ?
yì xíng yǒu jǐ gè rén
이 싱 요우 지 꺼 런

Let's Talk 음식을 주문할 때

❾ 이 식당은 무엇을 잘 하나요?

这 家 餐 厅 的 拿 手 菜 是 什 么 ?
zhè jiā cān tīng de ná shǒu caì shì shén me
쩌 찌아 찬 팅 더 나 소우 차이 쓰 선 머

❿ 오늘의 특별요리가 있나요?

今 天 有 特 别 料 理 吗 ?
jīn tiān yǒu tè bié liào lǐ ma
찐 티앤 요우 터 비에 리아오 리 마

⓫ 가장 빨리 되는 요리가 뭔가요?

做 得 最 快 的 料 理 是 什 么 ?
zuò de zuì kuài de liào lǐ shì shén me
쭤 더 쭈이 콰이 더 리아오 리 쓰 선 머

⓬ 여기요, 주문 받으세요.

劳 驾 , 我 要 点 菜 。
láo jià wǒ yào diǎn caì
라오 찌아 워 야오 디앤 차이

⓭ 같은 걸로 하겠어요.

我 要 一 样 的 。
wǒ yào yí yàng de
워 야오 이 양 더

주문이나 음식에 이상이 있을 때

⑭ 왜 우리 음식이 안 나와요?

我 们 的 饭 菜 怎 么 还 不 上 啊?
wǒ men de fàn cài zěn me hái bù shàng a
워 먼 더 판 차이 전 머 하이 뿌 쌍 아

⑮ 이건 제가 주문한 요리가 아닌데요.

这 不 是 我 点 的 菜 呀。
zhè bú shì wǒ diǎn de cài ya
쩌 부 쓰 워 디앤 더 차이 야

⑯ 음식이 덜 익었어요.

食 物 还 没 太 熟。
shí wù hái méi tài shóu
스 우 하이 메이 타이 소우

필요한 것 부탁할 때

⑰ 냅킨 좀 더 갖다 주세요.

请 再 给 拿 点 儿 餐 巾 纸。
qǐng zài gěi ná diǎnr cān jīn zhǐ
칭 짜이 게이 나 디알 찬 찐 즈

⑱ 테이블이 좀 더럽군요. 다시 닦아주세요.

桌 子 有 点 儿 脏。请 再 擦 一 擦。
zhuō zi yǒu diǎnr zàng qǐng zài cā yì cā
쭈오 즈 요우 디알 짱 칭 짜이 차 이 차

⑲ 메뉴를 다시 갖다 주세요.

请 再 把 菜 单 拿 给 我。
qǐng zài bǎ cài dān ná gěi wǒ
칭 짜이 바 차이 딴 나 게이 워

⑳ 남은 음식은 좀 싸주세요.

吃 剩 的 饭 菜 就 请 打 包 吧。
chī shèng de fàn cài jiù qǐng dǎ bāo ba
츠 썽 더 판 차이 찌우 칭 다 빠오 바

Let's Talk 음식 맛을 평가할 때

㉑ 음식이 아주 맛있군요.

饭 菜 非 常 好 吃 。
fàn cài fēi cháng hǎo chī
판 차이 페이 창 하오 츠

㉒ 오늘 아주 잘 먹었어요.

今 天 我 吃 得 很 好 。
jīn tiān wǒ chī de hěn hǎo
찐 티앤 워 츠 더 헌 하오

㉓ 이렇게 잘 먹었던 적이 없었어요.

我 从 来 没 有 吃 过 这 么 多 。
wǒ cóng lái méi yǒu chī guò zhè me duō
워 총 라이 메이 요우 츠 꿔 쩌 머 뚜오

㉔ 저는 음식을 가리지 않아요.

我 不 挑 食 。
wǒ bù tiāo shí
워 뿌 티아오 스

Let's Talk 계산할 때

㉕ 여기요, 계산서 좀 주시겠어요?

小 姐 , 我 要 买 单 。
xiǎo jiě wǒ yào mǎi dān
시아오지에 워 야오 마이 딴

㉖ 이 요금은 무엇인가요?

这 是 什 么 费 用 啊 ?
zhè shì shén me fèi yòng a
쩌 쓰 선 머 페이 용 아

㉗ 제가 계산할게요. 다음에 사세요.

我 来 付 款 。 下 回 你 再 付 吧 。
wǒ lái fù kuǎn xià huí nǐ zài fù ba
워 라이 푸 쿠안 씨아 후이 니 짜이 푸 바

편의&오락시설 이용

Talk! Talk! Chinese!

패스트푸드점에서 주문할 때

❶ 세트 메뉴는 뭐가 있나요?

套 餐 都 有 什 么 啊?
tào cān dōu yǒu shén me a
타오 찬 또우 요우 선 머 아

❷ 치즈버거 주세요.

我 要 奶 酪 汉 堡。
wǒ yào nǎi lào hàn bǎo
워 야오 나이 라오 한 바오

❸ 보통 사이즈로 드릴까요, 큰 사이즈로 드릴까요?

您 要 大 的 还 是 小 的?
nín yào dà de hái shì xiǎo de
닌 야오 따 더 하이 쓰 시아오 더

❹ 감자튀김 주세요.

我 要 炸 土 豆 条。
wǒ yào zhá tǔ dòu tiáo
워 야오 자 투 또우 티아오

❺ 케첩을 좀 더 주세요.

再 给 点 儿 蕃 茄 酱。
zài gěi diǎnr fán qié jiàng
짜이 게이 디알 판 치에 찌앙

❻ 콜라 한 잔 주세요.

请 给 我 一 杯 可 乐。
qǐng gěi wǒ yì bēi kě lè
칭 게이 워 이 뻬이 커 러

패스트푸드 포장과 문의할 때

❼ 여기서 드시겠어요, 아니면 가져가시겠어요?

在 这 里 吃 还 是 拿 走 ?
zài zhè lǐ chī hái shì ná zǒu
짜이 쩌 리 츠 하이 쓰 나 조우

❽ 포장해 주세요.

请 给 我 打 包 。
qǐng gěi wǒ dǎ bāo
칭 게이 워 다 빠오

❾ 음료 리필은 무료인가요?

饮 料 续 杯 是 免 费 的 吗 ?
yǐn liào xù bēi shì miǎn fèi de ma
인 리아오 쒸 뻬이 쓰 미앤 페이 더 마

오락을 즐길 때

❿ 이 근처에 디스코텍이 있나요?

这 儿 附 近 有 迪 斯 科 舞 厅 吗 ?
zhèr fù jìn yǒu dí sī kē wǔ tīng ma
쩔 푸 찐 요우 디 쓰 커 우 팅 마

⓫ 우리 나이트 가서 춤춰요.

我 们 去 夜 总 会 跳 舞 吧 。
wǒ men qù yè zǒng huì tiào wǔ ba
워 먼 취 예 종 후이 티아오 우 바

⓬ 저는 카지노에 가본 적이 없어요.

我 没 去 过 赌 场 。
wǒ méi qù guò dǔ chǎng
워 메이 취 꿔 두 창

⓭ 초보자에게 좋은 게임은 뭔가요?

对 于 新 手 来 说 什 么 样 的 游 戏 好 呢 ?
duì yú xīn shǒu lái shuō shén me yàng de yóu xì hǎo ne
뚜이 위 씬 소우 라이 쑤오 선 머 양 더 요우 씨 하오 너

술집에서 주문할 때

⑭ 어떤 걸로 마실래요?

你 想 喝 什 么 酒？
nǐ xiǎng hē shén me jiǔ
니 시앙 허 선 머 지우

⑮ 당신이 마시는 게 뭔가요?

你 喝 的 什 么 酒 啊？
nǐ hē de shén me jiǔ a
니 허 더 선 머 지우 아

⑯ 저는 얼음 넣은 위스키 한 잔 주세요.

我 要 一 杯 加 冰 块 儿 的 威 士 忌。
wǒ yào yì bēi jiā bīng kuàir de wēi shì jǐ
워 야오 이 뻬이 찌아 삥 쿠알 더 웨이 쓰 찌

⑰ 맥주 한 병 더 주세요.

再 给 我 一 瓶 啤 酒。
zài wǒ gěi yì píng pí jiǔ
짜이 워 게이 이 핑 피 지우

⑱ 한국 소주 마셔본 적 있어요?

你 喝 过 韩 国 的 烧 酒 吗？
nǐ hē guò hán guó de shāo jiǔ ma
니 허 꿔 한 구오 더 싸오 지우 마

술을 마실 때

⑲ 자, 건배해요!

来，干 杯！
lái gān bēi
라이 깐 뻬이

⑳ 여긴 제가 가장 좋아하는 술집 중 하나예요.

这 里 是 我 最 喜 欢 的 一 家 酒 吧。
zhè lǐ shì wǒ zuì xǐ huān de yì jiā jiǔ ba
쩌 리 쓰 워 쭈이 시 후안 더 이 찌아 지우 바

㉑ 맥주 한 잔 더 드실래요?

要 不 要 再 喝 杯 啤 酒 ?
yào bú yào zài hē bēi pí jiǔ
야오 부 야오 짜이 허 뻬이 피 지우

㉒ 2차 갑시다!

我 们 再 去 别 的 地 方 吧 !
wǒ men zài qù bié de dì fang ba
워 먼 짜이 취 비에 더 띠 팡 바

㉓ 술이 점점 취하는 것 같아요.

我 想 我 是 醉 了 。
wǒ xiǎng wǒ shì zuì le
워 시앙 워 쓰 쭈이 러

㉔ 너무 많이 마신 것 같군요.

我 想 我 喝 得 太 多 了 。
wǒ xiǎng wǒ hē de tài duō le
워 시앙 워 허 더 타이 뚜오 러

주량에 대해 말할 때

㉕ 술 마시는 거 좋아하세요?

你 喜 欢 喝 酒 吗 ?
nǐ xǐ huān hē jiǔ ma
니 시 후안 허 지우 마

㉖ 네, 술 마시는 거 아주 좋아해요.

对 , 我 很 喜 欢 喝 酒 。
duì wǒ hěn xǐ huān hē jiǔ
뚜이 워 헌 시 후안 허 지우

㉗ 그는 술을 매우 잘 마셔요.

他 很 能 喝 酒 。
tā hěn néng hē jiǔ
타 헌 넝 허 지우

㉘ 저는 술을 잘 못해요.

我 不 太 能 喝 酒 。
wǒ bú tài néng hē jiǔ
워 부 타이 넝 허 지우

26 day

병원&약국에서

 **Let's Talk** 진료를 예약할 때

❶ 진료예약을 하고 싶어요.

我 想 要 预 约 看 医 生。
wǒ xiǎng yào yù yuē kàn yī shēng
워 시앙 야오 위 위에 칸 이 썽

❷ 언제 진료 받을 수 있나요?

什 么 时 候 可 以 看 医 生 啊 ?
shén me shí hòu kě yǐ kàn yī shēng a
선 머 스 호우 커 이 칸 이 썽 아

❸ 왕 박사님께 진찰 예약을 하고 싶어요.

我 想 预 约 王 医 生 看。
wǒ xiǎng yù yuē wáng yī shēng kàn
워 시앙 위 위에 왕 이 썽 칸

❹ 의료보험증을 가져 오셨어요?

你 带 来 了 医 疗 保 险 卡 吗 ?
nǐ dài lái le yī liáo bǎo xiǎn kǎ ma
니 따이 라이 러 이 리아오 바오 시앤 카 마

 **Let's Talk** 증상을 물을 때

❺ 어디가 어떻게 안 좋으신가요?

你 哪 里 怎 么 不 舒 服 啊 ?
nǐ nǎ lǐ zěn me bù shū fú a
니 나 리 전 머 뿌 쑤 푸 아

⑥ 이렇게 아프신 지 오래되셨어요?

这 样 的 疼 痛 持 续 很 久 了 吗 ?
zhè yàng de téng tòng chí xù hěn jiǔ le ma
쩌 양 더 텅 통 츠 쒸 헌 지우 러 마

⑦ 여기를 누르면 아프신가요?

按 这 儿 疼 吗 ?
àn zhèr téng ma
안 쩔 텅 마

내과 진료

⑧ 몸살이 났어요.

我 全 身 疼 痛 。
wǒ quán shēn téng tòng
워 취앤 썬 텅 통

⑨ 배가 아파요.

我 肚 子 疼 。
wǒ dù zi téng
워 뚜 즈 텅

⑩ 열이 많이 났어요.

我 发 了 高 烧 。
wǒ fā le gāo shāo
워 파 러 까오 싸오

⑪ 속이 쓰리고 소화가 안돼요.

我 胃 痛 而 且 消 化 不 好 。
wǒ wèi tòng ér qiě xiāo huà bù hǎo
워 웨이 통 얼 치에 씨아오 화 뿌 하오

⑫ 식중독인 것 같아요.

看 来 是 食 物 中 毒 。
kàn lái shì shí wù zhòng dú
칸 라이 쓰 스 우 쫑 두

⑬ 감기 증상이 있어요. 기침을 하고 콧물이 나와요.

我 有 点 儿 感 冒 。 咳 嗽 还 流 鼻 涕 。
wǒ yǒu diǎnr gǎn mào ké sòu hái liú bí tì
워 요우 디알 간 마오 커 쏘우 하이 리우 비 티

⑭ 팔이 부러진 것 같아요.

我 的 胳 膊 好 像 骨 折 了。
wǒ de gē bó hǎo xiàng gǔ zhé le
워 더 꺼 보 하오 씨앙 구 저 러

⑮ 저는 한 달간 깁스를 해야 해요.

我 要 打 一 个 月 的 石 膏。
wǒ yào dǎ yí gè yuè de shí gāo
워 야오 다 이 꺼 위에 더 스 까오

⑯ 허리를 삐었어요.

我 扭 伤 了 腰。
wǒ niǔ shāng le yāo
워 니우 쌍 러 야오

⑰ 칼로 손가락을 베였어요.

我 用 刀 给 手 指 头 割 破 了。
wǒ yòng dāo gěi shǒu zhǐ tóu gē pò le
워 용 따오 게이 소우 즈 토우 꺼 포 러

⑱ 깨진 유리 조각을 밟았어요.

我 踩 到 了 碎 玻 璃 片。
wǒ cǎi dào le suì bō lí piàn
워 차이 따오 러 쑤이 뽀 리 피앤

⑲ 잇몸이 부었어요.

我 牙 龈 肿 起 来 了。
wǒ yá yín zhǒng qǐ lái le
워 야 인 종 치 라이 러

⑳ 잇몸에서 피가 나요.

我 牙 龈 出 血 了。
wǒ yá yín chū xiě le
워 야 인 추 시에 러

㉑ 스케일링 하러 왔어요.

我 来 洗 牙。
wǒ lái xǐ yá
워 라이 시 야

㉒ 아침에 눈에서 눈곱이 많이 껴요.

早 晨 眼 睛 里 有 很 多 眼 屎。
zǎo chén yǎn jīng lǐ yǒu hěn duō yǎn shǐ
자오 천 이앤 찡 리 요우 헌 뚜오 이앤 스

㉓ 눈이 아주 간지러워요.

眼 睛 很 痒 痒。
yǎn jīng hěn yǎng yang
이앤 찡 헌 양 양

약국에서

㉔ 처방대로 약을 지어 주세요.

请 按 照 处 方 给 我 开 药 吧。
qǐng àn zhào chǔ fāng gěi wǒ kāi yào ba
칭 안 짜오 추 팡 게이 워 카이 야오 바

㉕ 식후 30분에 복용하세요.

要 在 饭 后 三 十 分 服 用。
yào zài fàn hòu sān shí fēn fú yòng
야오 짜이 판 호우 싼 스 펀 푸 용

㉖ 아스피린 좀 주세요.

请 给 我 阿 斯 匹 林。
qǐng gěi wǒ ā sī pī lín
칭 게이 워 아 쓰 피 린

㉗ 감기약을 사려고 해요.

我 要 买 感 冒 药。
wǒ yào mǎi gǎn mào yào
워 야오 마이 간 마오 야오

㉘ 반창고와 붕대 좀 사려고 해요.

我 要 买 胶 布 和 绷 带。
wǒ yào mǎi jiāo bù hé bēng dài
워 야오 마이 찌아오 뿌 허 뻥 따이

다음에 나오는 우리말을 중국어로 말해 보세요.

1. 창가 쪽 자리에 앉을 수 있을까요?

2. 오늘의 특별요리가 있나요?

3. 음식이 아주 맛있군요.

4. 제가 계산할게요. 다음에 사세요.

5. 치즈버거 주세요.

6. 포장해 주세요.

7. 너무 많이 마신 것 같군요.

8. 배가 아파요.

9. 허리를 삐었어요.

10. 아스피린 좀 주세요.

정답

1 能坐靠窗的位子吗?　　2 今天有特别料理吗?　　3 饭菜非常好吃。　　4 我来付款。下回你再付吧。　　5 我要奶酪汉堡。　　6 请给我打包。　　7 我想我喝得太多了。　　8 我肚子疼。　　9 我扭伤了腰。　　10 请给我阿斯匹林。

다음에 나오는 중국어가 무슨 뜻인지 우리말로 말해보세요.

1. 我要预定今晚七点。

2. 我要一样的。

3. 这不是我点的菜呀。

4. 我不挑食。

5. 套餐都有什么啊?

6. 我想我是醉了。

7. 我不太能喝酒。

8. 我发了高烧。

9. 我牙龈出血了。

10. 我要买感冒药。

정답

1 오늘 밤 7시에 예약하고 싶어요. 2 같은 걸로 하겠어요. 3 이건 제가 주문한 요리가 아닌데요. 4 저는 음식을 가리지 않아요. 5 세트 메뉴는 뭐가 있나요? 6 술이 점점 취하는 것 같아요. 7 저는 술을 잘 못해요. 8 열이 많이 났어요. 9 잇몸에서 피가 나요. 10 감기약을 사려고 해요.

1

면세점이 있나요?
有 免 税 品 店 吗 ?
yǒu miǎn shuì pǐn diàn ma
요우 미앤 쑤이 핀 띠앤 마

2

저희는 할인하지 않아요.
我 们 不 讲 价 。
wǒ men bù jiǎn jià
워 먼 뿌 지앤 찌아

3

엘리베이터를 타요.
我 们 坐 电 梯 吧 。
wǒ men zuò diàn tī ba
워 먼 쭤 띠앤 티 바

4

무엇을 찾으세요?
您 在 找 什 么 ?
nín zài zhǎo shén me
닌 짜이 자오 선 머

5

핸드백을 찾고 있어요.
我 在 找 手 提 包 。
wǒ zài zhǎo shǒu tí bāo
워 짜이 자오 소우 티 빠오

6

물세탁이 가능해요?
可 以 水 洗 吗 ?
kě yǐ shuǐ xǐ ma
커 이 수이 시 마

7

손님에게 잘 어울리네요.
您 穿 很 好 看 。
nín chuān hěn hǎo kàn
닌 추안 헌 하오 칸

8

발에 잘 맞나요?
鞋 子 合 适 吗 ?
xié zi hé shì ma
시에 즈 허 쓰 마

9

보증서가 있나요?
有没有保证书？
yǒu méi yǒu bǎo zhèng shū
요우 메이 요우 바오 쩡 쑤

10

너무 비싸군요.
太贵了。
tài guì le
타이 꾸이 러

11

세금이 포함되었나요?
包括税吗？
bāo kuò shuì ma
빠오 쿼 쑤이 마

12

영수증을 주세요.
请给我收据。
qǐng gěi wǒ shōu jù
칭 게이 워 쏘우 쮜

13

이것을 교환하고 싶어요.
我想换。
wǒ xiǎng huàn
워 시앙 환

14

이것을 반품하고 싶어요.
我想退货。
wǒ xiǎng tuì huò
워 시앙 투이 훠

15

이건 너무 작아요.
这个太小了。
zhè gè tài xiǎo le
쩌 꺼 타이시아오 러

16

다른 모양이 있나요?
有别的款式吗？
yǒu bié de kuǎn shì ma
요우 비에 더 쿠안 쓰 마

27 day

세탁소에서

Let's Talk 일반 세탁물을 맡길 때

❶ 이 옷을 다림질해 주세요.

请 把 这 件 衣 服 熨 一 下。
qǐng bǎ zhè jiàn yī fú yùn yí xià
칭 바 쩌 찌앤 이 푸 윈 이 씨아

❷ 이 바지를 다리고 싶어요.

我 想 熨 烫 这 条 裤 子。
wǒ xiǎng yùn tàng zhè tiáo kù zi
워 시앙 윈 탕 쩌 티아오 쿠 즈

❸ 이 정장을 세탁하고 다려주세요.

这 套 制 服 先 干 洗， 然 后 熨 烫 一 下。
zhè tào zhì fú xiān gān xǐ rán hòu yùn tàng yí xià
쩌 타오 쯔 푸 씨앤 간 시 란 호우 윈 탕 이 씨아

❹ 이 양복 금요일까지는 세탁해주셔야 해요.

这 套 西 装 到 星 期 五 要 干 洗 完。
zhè tào xī zhuāng dào xīng qī wǔ yào gān xǐ wán
쩌 타오 씨 쭈앙 따오 씽 치 우 야오 간 시 완

Let's Talk 드라이클리닝을 맡길 때

❺ 드라이클리닝을 부탁해요.

我 想 干 洗 衣 服。
wǒ xiǎng gān xǐ yī fú
워 시앙 깐 시 이 푸

❻ 이 옷 드라이클리닝
해주세요.

这 件 衣 服 要 干 洗。
zhè jiàn yī fú yào gān xǐ
쩌 찌앤 이 푸 야오 깐 시

❼ 코트를 드라이클리
닝 하고 싶어요.

这 件 大 衣 我 要 干 洗。
zhè jiàn dà yī wǒ yào gān xǐ
쩌 찌앤 따 이 워 야오 깐 시

❽ 주의할 점은 뭔가요?

需 要 注 意 的 地 方 是 什 么 啊？
xū yào zhù yì de dì fang shì shén me a
쒸 야오 쭈 이 더 띠 팡 쓰 선 머 아

❾ 드라이클리닝 하려
면 며칠이 걸리죠?

干 洗 衣 服 需 要 几 天？
gān xǐ yī fú xū yào jǐ tiān
깐 씨 이 푸 쒸 야오 지 티앤

Let's Talk 얼룩 제거

❿ 제가 양복에 와인을
쏟았어요.

我 把 葡 萄 酒 洒 到 西 装 上 了。
wǒ bǎ pú táo jiǔ sǎ dào xī zhuāng shàng le
워 바 푸 타오 지우 사 따오 씨 쭈앙 쌍 러

⓫ 그건 세탁소에 보내
는 게 안전할 것 같군요.

还 是 把 它 拿 到 洗 衣 店 安 全。
hái shì bǎ tā ná dào xǐ yī diàn ān quán
하이 쓰 바 타 나 따오 시 이 띠앤 안 취앤

⓬ 얼룩 좀 제거해 주세
요.

请 把 污 垢 去 干 净。
qǐng bǎ wū gòu qù gān jìng
칭 바 우 꼬우 취 깐 찡

⓭ 제 정장이 손상되는
일은 없겠죠?

我 的 西 装 不 会 给 弄 坏 吧？
wǒ de xī zhuāng bú huì gěi nòng huài ba
워 더 씨 쭈앙 부 후이 게이 농 화이 바

세탁물을 찾을 때

⑭ 제 세탁물 다 됐어요?

我 的 洗 衣 物 都 弄 好 了 吗?
wǒ de xǐ yī wù dōu nòng hǎo le ma
워 더 시 이 우 또우 농 하오 러 마

⑮ 세탁물을 찾으러 왔어요.

我 来 取 我 的 衣 物。
wǒ lái qǔ wǒ de yī wù
워 라이 취 워 더 이 우

⑯ 여기 제 세탁확인증이에요.

这 是 我 的 洗 衣 证。
zhè shì wǒ de xǐ yī zhèng
쩌 쓰 워 더 시 이 쩡

⑰ 얼룩이 빠지지 않았어요.

污 垢 没 有 去 掉。
wū gòu méi yǒu qù diào
우 꼬우 메이 요우 취 띠아오

⑱ 언제 찾아갈 수 있어요?

什 么 时 候 可 以 来 取 啊?
shén me shí hòu kě yǐ lái qǔ a
선 머 스 호우 커 이 라이 취 아

기타 문의사항

⑲ 옷이 줄어들지는 않겠죠?

衣 服 不 会 缩 短 吧?
yī fú bú huì suō duǎn ba
이 푸 부 후이 쑤오 두안 바

① 언제 다 될까요?

什 么 时 候 可 以 弄 好 啊?
shén me shí hòu kě yǐ nòng hǎo a
선 머 스 호우 커 이 농 하오 아

㉑ 카펫도 세탁할 수 있나요?

地 毯 也 可 以 洗 吗？
dì tǎn yě kě yǐ xǐ ma
띠 탄 이에 커 이 시 마

㉒ 호텔 안에 세탁소가 있나요?

饭 店 内 有 洗 衣 店 吗？
fàn diàn nèi yǒu xǐ yī diàn ma
판 띠앤 네이 요우 시 이 띠앤 마

옷 수선을 맡길 때

㉓ 옷 수선도 해주시나요?

也 给 改 衣 服 吗？
yě gěi gǎi yī fú ma
이에 게이 가이 이 푸 마

㉔ 바지를 좀 줄여주세요.

请 把 我 的 裤 子 给 改 短 一 点。
qǐng bǎ wǒ de kù zi gěi gǎi duǎn yì diǎn
칭 바 워 더 쿠 즈 게이 가이 두안 이 디앤

㉕ 치마 길이를 좀 줄여주세요.

请 把 裙 子 的 长 度 给 弄 短 一 点。
qǐng bǎ qún zi de cháng dù gěi nòng duǎn yì diǎn
칭 바 췬 즈 더 창 뚜 게이 농 두안 이 디앤

㉖ 치마를 좀 늘려주세요.

请 把 我 的 裙 子 给 改 长 一 点。
qǐng bǎ wǒ de qún zi gěi gǎi cháng yì diǎn
칭 바 워 더 췬 즈 게이 가이 창 이 디앤

㉗ 지퍼가 떨어졌어요, 갈아주세요.

拉 链 掉 了，请 给 换 一 下。
lā liàn diào le qǐng gěi huàn yí xià
라 리앤띠아오 러 칭 게이 환 이 씨아

㉘ 죄송하지만, 수선해 드릴 수 없네요.

不 好 意 思，我 不 能 给 你 改。
bù hǎo yì si wǒ bù néng gěi nǐ gǎi
뿌 하오 이 쓰 워 뿌 넝 게이 니 가이

미용실에서

Let's Talk 헤어스타일에 대해 말할 때

① 어떤 헤어스타일을 원하세요?

你 要 做 什 么 样 的 发 型?
nǐ yào zuò shén me yàng de fà xíng
니 야오 쭤 선 머 양 더 파 싱

② 머리를 좀 풍성하게 하고 싶어요.

我 想 让 头 发 显 得 再 多 一 点。
wǒ xiǎng ràng tóu fà xiǎn de zài duō yì diǎn
워 시앙 랑 토우 파 시앤 더 짜이 뚜오 이 디앤

③ 저는 보통 머리를 묵고 다녀요.

我 通 常 把 头 发 扎 起 来。
wǒ tōng cháng bǎ tóu fà zhā qǐ lái
워 통 창 바 토우 파 짜 치 라이

④ 저는 왼쪽으로 가르마를 타는데요.

我 的 头 发 是 左 分 头。
wǒ de tóu fà shì zuǒ fēn tóu
워 더 토우 파 쓰 주오 펀 토우

⑤ 저는 머리숱이 너무 많아요.

我 的 头 发 很 多。
wǒ de tóu fà hěn duō
워 더 토우 파 헌 뚜오

⑥ 저는 헤어스타일을 바꾸고 싶어요.

我 想 改 换 发 型。
wǒ xiǎng gǎi huàn fà xíng
워 시앙 가이 환 파 싱

 **Let's Talk** 머리를 자를 때

❼ 어떻게 잘라드릴까요?

你 想 怎 么 剪 头 发 啊 ?
nǐ xiǎng zěn me jiǎn tóu fà a
니 시앙 전 머 지앤 토우 파 아

❽ 그냥 다듬어 주세요.

只 是 修 剪 修 剪 吧 。
zhǐ shì xiū jiǎn xiū jiǎn ba
즈 쓰 씨우 지앤 씨우 지앤 바

❾ 머리를 짧게 자르고 싶어요.

我 要 剪 得 短 一 点 。
wǒ yào jiǎn de duǎn yì diǎn
워 야오 지앤 더 두안 이 디앤

❿ 스포츠형으로 잘라 주세요.

请 给 我 剪 短 发 。
qǐng gěi wǒ jiǎn duǎn fà
칭 게이 워 지앤 두안 파

⓫ 사진들을 좀 볼 수 있어요?

我 可 以 看 些 照 片 吗 ?
wǒ kě yǐ kàn xiē zhào piàn ma
워 커 이 칸 씨에 짜오 피앤 마

⓬ 끝에 몇 인치 정도만 잘라주세요.

请 稍 微 剪 儿 英 寸 。
qǐng shāo wēi jiǎn jǐ yīng cùn
칭 싸오 웨이 지앤 지 잉 춘

⓭ 어깨 길이로 잘라주세요.

请 剪 到 肩 部 。
qǐng jiǎn dào jiān bù
칭 지앤 따오 찌앤 뿌

⓮ 너무 많이 자르지 마세요.

别 剪 得 太 多 。
bié jiǎn dé tài duō
비에 지앤 더 타이 뚜오

⑮ 파마를 해주세요.

我 要 烫 发。
wǒ yào tàng fà
워 야오 탕 파

⑯ 어떤 파마를 원하세요?

你 要 烫 什 么 样 的 发 型 啊?
nǐ yào tàng shén me yàng de fà xíng a
니 야오 탕 선 머 양 더 파 싱 아

⑰ 매직을 해주실래요?

我 要 拉 直 头 发。
wǒ yào lā zhí tóu fà
워 야오 라 즈 토우 파

⑱ 파마를 약하게 해 주세요.

请 烫 得 轻 一 点 儿。
qǐng tàng dé qīng yī diǎnr
칭 탕 더 칭 이 디알

⑲ 생각하신 헤어스타일 있으세요?

你 有 想 要 做 的 发 型 吗?
nǐ yǒu xiǎng yào zuò de fà xíng ma
니 요우 시앙 야오 쮀 더 파 싱 마

⑳ 사진의 여자배우처럼 해주세요.

要 做 得 跟 照 片 里 的 女 演 员 一 样。
yào zuò de gēn zhào piàn lǐ de nǔ yǎn yuán yí yàng
야오 쮀 더 껀 짜오피앤 리 더 뉘 이앤위앤 이 양

㉑ 머리를 염색하고 싶어요.

我 要 染 发。
wǒ yào rǎn fà
워 야오 란 파

㉒ 갈색으로 염색하시
겠어요?

你 要 不 要 染 褐 色 ?
nǐ yào bú yào rǎn hè sè
니 야오 부 야오 란 허 써

㉓ 어떤 색으로 염색하
실래요?

你 要 染 什 么 颜 色 的 ?
nǐ yào rǎn shén me yán sè de
니 야오 란 선 머 이앤 써 더

㉔ 머리를 검게 염색해
주세요.

我 要 把 头 发 染 成 黑 色 。
wǒ yào bǎ tóu fà rǎn chéng hēi sè
워 야오 바 토우 파 란 청 헤이 써

㉕ 어디서 머리를 염색
했어요?

你 是 在 哪 里 染 的 头 发 呀 ?
nǐ shì zài nǎ lǐ rǎn de tóu fà ya
니 쓰 짜이 나 리 란 더 토우 파 야

Let's Talk 드라이나 세팅할 때

㉖ 머리를 드라이해 주
세요.

我 要 吹 吹 头 发 。
wǒ yào chuī chuī tóu fà
워 야오 추이 추이 토우 파

㉗ 머리를 세팅해 주세
요.

我 要 做 头 发 。
wǒ yào zuò tóu fà
워 야오 쬒 토우 파

㉘ 머리를 감아 주세요.

请 给 我 洗 洗 头 。
qǐng gěi wǒ xǐ xǐ tóu
칭 게이 워 시 시 토우

㉙ 헤어스타일이 마음
에 드는군요.

你 给 我 做 的 发 型 我 喜 欢 。
nǐ gěi wǒ zuò de fà xíng wǒ xǐ huān
니 게이 워 쬒 더 파 싱 워 시 후안

29 day

부동산중개소에서

Let's Talk 임대할 집을 알아볼 때

❶ 임대할 집을 찾고 있어요.

我 在 找 要 租 住 的 房 子。
wǒ zài zhǎo yào zū zhù de fáng zi
워 짜이 자오 야오 쭈 쭈 더 팡 즈

❷ 어느 정도의 집을 찾고 계세요?

你 要 租 什 么 样 的 房 子?
nǐ yào zū shén me yàng de fáng zi
니 야오 쭈 선 머 양 더 팡 즈

❸ 학교에서 가까운 곳을 원해요.

我 要 租 离 学 校 近 的 房 子。
wǒ yào zū lí xué xiào jìn de fáng zi
워 야오 쭈 리 쉬에 씨아오 찐 더 팡 즈

❹ 지하철에서 가까운 집이 있나요?

有 没 有 离 地 铁 站 近 的 房 子 啊?
yǒu méi yǒu lí dì tiě zhàn jìn de fáng zi a
요우 메이 요우 리 띠 티에 짠 찐 더 팡 즈 아

❺ 이 아파트는 방이 몇 개인가요?

这 套 公 寓 有 几 个 房 间 啊?
zhè tào gōng yù yǒu jǐ gè fáng jiān a
쩌 타오 꽁 위 요우 지 꺼 팡 찌앤 아

❻ 전세와 월세 임대가 있어요.

有 全 租 和 月 租。
yǒu quán zū hé yuè zū
요우 취앤 쭈 허 위에 쭈

Let's Talk 임대할 집을 구경할 때

⑦ 지금 집을 볼 수 있나요?

现 在 可 以 看 房 子 吗 ?
xiàn zài kě yǐ kàn fáng zi ma
씨앤 짜이 커 이 칸 팡 즈 마

⑧ 이 집은 햇빛이 잘 들어요.

这 个 房 子 阳 光 充 足 。
zhè gè fáng zi yáng guāng chōng zú
쩌 꺼 팡 즈 양 꾸앙 총 주

⑨ 교통은 어떤가요?

交 通 状 况 怎 么 样 啊 ?
jiāo tōng zhuàng kuàng zěn me yàng a
찌아오 통 쭈앙 쾅 전 머 양 아

⑩ 저희 동네는 집세가 아주 비싸요.

我 们 这 个 区 域 房 子 的 租 金 很 贵 。
wǒ men zhè gè qū yù fáng zi de zū jīn hěn guì
워 먼 쩌 꺼 취 위 팡 즈 더 쭈 찐 헌 꾸이

⑪ 아주 튼튼한 집이에요.

这 个 房 子 非 常 坚 固 。
zhè gè fáng zi fēi cháng jiān gù
쩌 꺼 팡 즈 페이 창 찌앤 꾸

⑫ 쓸 만해 보이는군요.

看 来 还 不 错 。
kàn lái hái bú cuò
칸 라이 하이 부 춰

⑬ 취사는 가능한가요?

我 可 以 自 己 烧 饭 菜 吃 吗 ?
wǒ kě yǐ zì jǐ shāo fàn cài chī ma
워 커 이 쯔 지 싸오 판 차이 츠 마

⑭ 샤워는 어디서 할 수 있나요?

在 哪 儿 洗 澡 啊 ?
zài nǎr xǐ zǎo a
짜이 날 시 자오 아

임대료나 문의사항

⑮ 임대료는 얼마인가
요?

租 金 是 多 少 啊？
zū jīn shì duō shǎo a
쭈 찐 쓰 뚜오사오 아

⑯ 언제 이사 올 수 있을
까요?

我 什 么 时 候 可 以 搬 进 来 住 啊？
wǒ shén me shí hòu kě yǐ bān jìn lái zhù a
워 선 머 스 호우 커 이 빤 찐 라이 쭈 아

⑰ 월세는 어떻게 내죠?

月 租 金 怎 么 付 啊？
yuè zū jīn zěn me fù a
위에 쭈 찐 전 머 푸 아

⑱ 월세는 매월 1일에
내시면 돼요.

月 租 金 在 每 个 月 的 一 号 付 就 行 了。
yuè zū jīn zài měi gè yuè de yí hào fù jiù xíng le
위에 쭈 진 짜이 메이 꺼 위에 더 이 하오 푸 찌우 싱 러

집을 계약할 때

⑲ 계약 기간은 얼마인
가요?

租 赁 期 限 是 多 久 啊？
zū lìn qī xiàn shì duō jiǔ a
쭈 린 치 씨앤 쓰 뚜오 지우 아

⑳ 계약하겠어요.

我 要 签 合 约。
wǒ yào qiān hé yuē
워 야오 치앤 허 위에

㉑ 이 아파트를 임대할
게요.

我 要 租 这 套 公 寓。
wǒ yào zū zhè tào gōng yù
워 야오 쭈 쩌 타오 꽁 위

㉒ 계약서에 서명해 주시겠어요?

请 你 在 和 约 书 上 签 名。
qǐng nǐ zài hé yuē shū shàng qiān míng
칭 니 짜이 허 위에 쑤 쌍 치앤 밍

㉓ 제가 어디에 서명하죠?

我 在 哪 里 签 名 啊？
wo zài nǎ lǐ qiānmíng a
워 짜이 나 리 치앤 밍 아

이사할 때

㉔ 이삿짐은 모두 쌌어요?

搬 家 行 李 都 收 拾 好 了 吗？
bān jiā xíng lǐ dōu shōu shi hǎo le ma
빤 찌아 싱 리 또우 쏘우 스 하오 러 마

㉕ 혼자 이삿짐을 다 쌌어요.

我 自 己 把 行 李 都 收 拾 好 了。
wǒ zì jǐ bǎ xíng li dōu shōu shi hǎo le
워 쯔 지 바 싱 리 또우 쏘우 스 하오 러

㉖ 저는 이삿짐 대행회사에 맡겼어요.

我 托 付 给 搬 家 公 司 了。
wǒ tuō fù gěi bān jiā gōng sī le
워 투오 푸 게이 빤 찌아 꽁 쓰 러

㉗ 수도꼭지가 고장 났어요.

水 龙 头 坏 了。
shuǐ lóng tóu huài le
수이 롱 토우 화이 러

㉘ 가스는 언제 공급되나요?

煤 气 什 么 时 候 给 啊？
méi qì shén me shí hòu gěi a
메이 치 선 머 스 호우 게이 아

㉙ 집들이 언제 할 거예요?

什 么 时 候 庆 祝 乔 迁 之 喜 呀？
shén me shí hòu qìng zhù qiáo qiān zhī xǐ ya
선 머 스 호우 칭 쭈 치아오 치앤 쯔 시 야

경찰서&공공기관에서

Let's Talk 도움을 요청할 때

① 응급상황이에요!

这 是 紧 急 情 况！
zhè shì jǐn jí qíng kuàng
쩌 쓰 진 지 칭 쾅

② 정말 급해요, 구급차를 불러주세요.

我 很 急， 请 帮 我 叫 救 护 车。
wǒ hěn jí qǐng bāng wǒ jiào jiù hù chē
워 헌 지 칭 빵 워 찌아오 찌우 후 처

③ 한국대사관에 연락해 주세요.

请 给 韩 国 大 使 馆 打 电 话。
qǐng gěi hán guó dà shǐ guǎn dǎ diàn huà
칭 게이 한 구오 따 스 구안 다 띠앤 화

Let's Talk 분실이나 도난 신고

④ 여권을 잃어버렸어요.

我 的 护 照 不 见 了。
wǒ de hù zhào bú jiàn le
워 더 후 짜오 부 찌앤 러

⑤ 신용카드를 잃어버렸어요.

我 把 信 用 卡 给 丢 了。
wǒ bǎ xìn yòng kǎ gěi diū le
워 바 씬 용 카 게이 띠우 러

❻ 지갑을 도난당했어요.

我 的 钱 包 给 人 偷 走 了。
wǒ de qián bāo gěi rén tōu zǒu le
워 더 치앤 빠오 게이 런 토우 조우 러

❼ 분실물은 어디에 물어봐야 해요?

丢 失 物 品 应 该 去 哪 儿 问?
diū shī wù pǐn yīng gāi qù nǎr wèn
띠우 쓰 우 핀 잉 까이 취 날 원

❽ 어디서 분실했는지 모르겠어요.

我 不 知 道 是 在 哪 儿 丢 的。
wǒ bù zhī dào shì zài nǎr diū de
워 뿌 쯔 따오 쓰 짜이 날 띠우 더

사건이나 사고를 신고할 때

❾ 경관님, 제 아이가 없어졌어요.

警 察 先 生, 我 的 孩 子 不 见 了。
jǐng chá xiān sheng wǒ de hái zi bú jiàn le
징 차 씨앤 성 워 더 하이 즈 부 찌앤 러

❿ 택시에 짐을 놓고 내렸어요.

我 把 行 李 丢 在 出 租 车 上 了。
wǒ bǎ xíng lǐ diū zài chū zū chē shàng le
워 바 싱 리 띠우 짜이 추 쭈 처 쌍 러

⓫ 누군가에게 소매치기를 당했어요.

我 被 人 给 偷 了。
wǒ bèi rén gěi tōu le
워 뻬이 런 게이 토우 러

⓬ 저는 이 사고와 관련이 없어요.

我 跟 这 个 事 故 没 有 关 系。
wǒ gēn zhè gè shì gù méi yǒu guān xi
워 껀 쩌 꺼 쓰 꾸 메이 요우 꾸안 씨

⓭ 화재 신고를 하려고 해요.

我 要 报 火 灾。
wǒ yào bào huǒ zāi
워 야오 빠오 후오 짜이

교통사고 신고

⑭ 교통사고를 신고하려고 해요.

我 要 将 这 个 交 通 事 故 报 警。
wǒ yào jiāng zhè gè jiāo tōng shì gù bào jǐng
워 야오 찌앙 쩌 꺼 찌아오 퉁 쓰 꾸 빠오 징

⑮ 다친 사람이 있어요.

有 人 受 伤 了。
yǒu rén shòu shāng le
요우 런 쏘우 쌍 러

⑯ 제 친구 머리에서 피가 나요.

我 朋 友 的 头 上 流 血 了。
wǒ péng yǒu de tóu shàng liú xiě le
워 펑 요우 더 토우 쌍 리우 시에 러

⑰ 교통사고를 당했어요.

我 被 车 给 撞 了。
wǒ bèi chē gěi zhuàng le
워 뻬이 처 게이 쭈앙 러

관공서를 이용할 때

⑱ 담당 부서를 알려주시겠어요?

请 问 主 管 部 门 在 哪 儿?
qǐng wèn zhǔ guǎn bù mén zài nǎr
칭 원 주 구안 뿌 먼 짜이 날

⑲ 어느 분이 이 업무를 담당하세요?

哪 位 主 管 这 项 工 作 啊?
nǎ wèi zhǔ guǎn zhè xiàng gōng zuò a
나 웨이 주 구안 쩌 씨앙 꽁 쭤 아

⑳ 여권을 재발급 받으러 왔어요.

我 来 补 办 护 照。
wǒ lái bǔ bàn hù zhào
워 라이 부 빤 후 짜오

㉑ 제가 작성해야할 서
류가 뭔가요?

我 要 填 写 的 文 件 是 哪 一 个 啊 ?
wǒ yào tián xiě de wén jiàn shì nǎ yí gè a
워 야오 티앤 시에 더 원 찌앤 쓰 나 이 꺼 아

㉒ 왜 이렇게 오래 걸리
나요?

怎 么 这 么 长 时 间 啊 ?
zěn me zhè me cháng shí jiān a
전 머 쩌 머 창 스 찌앤 아

Let's Talk 도서관을 이용할 때

㉓ 이 책이 있는지 확인
해 주십시오.

请 看 一 下 有 没 有 这 本 书 。
qǐng kàn yí xià yǒu méi yǒu zhè běn shū
칭 칸 이 씨아 요우 메이 요우 쩌 번 쑤

㉔ 이 책들을 대출하고
싶은데요.

我 想 借 这 些 书 。
wǒ xiǎng jiè zhè xiē shū
워 시앙 찌에 쩌 씨에 쑤

㉕ 이 책을 대출할 수 있
나요?

我 可 以 借 支 这 本 书 吗 ?
wǒ kě yǐ jiè zhī zhè běn shū ma
워 커 이 찌에 쯔 쩌 번 쑤 마

㉖ 대출 기간은요?

借 阅 期 限 是 多 长 时 间 啊 ?
jiè yuè qī xiàn shì duō cháng shí jiān a
찌에 위에 치 씨앤 쓰 뚜오 창 스 찌앤 아

㉗ 한 번에 몇 권을 대출
할 수 있나요?

一 次 能 借 几 本 啊 ?
yí cì néng jiè jǐ běn a
이 츠 넝 찌에 지 번 아

㉘ 이 책을 어디에 반납
해야 하나요?

这 本 书 应 该 还 到 哪 儿 啊 ?
zhè běn shū yīng gāi huán dào nǎr a
쩌 번 쑤 잉 까이 후안 따오 날 아

1. 드라이클리닝을 부탁해요.

2. 얼룩 좀 제거해 주세요.

3. 옷 수선도 해주시나요?

4. 그냥 다듬어 주세요.

5. 파마를 해주세요.

6. 지금 집을 볼 수 있나요?

7. 임대료는 얼마인가요?

8. 이 아파트를 임대할게요.

9. 응급상황이에요!

10. 여권을 재발급 받으러 왔어요.

정답

1 我想干洗衣服。　2 请把污垢去干净。　3 也给改衣服吗？　4 只是修剪修剪吧。　5 我要烫发。　6 现在可以看房子吗？　7 租金是多少啊？　8 我要租这套公寓。　9 这是紧急情况！　10 我来补办护照。

1. 我想熨烫这条裤子。

2. 我来取我的衣物。

3. 我想改换发型。

4. 别剪得太多。

5. 我要做头发。

6. 有全租和月租。

7. 这个房子阳光充足。

8. 我的护照不见了。

9. 我被人给偷了。

10. 一次能借几本啊？

정답

1 이 바지를 다리고 싶어요. 2 세탁물을 찾으러 왔어요. 3 저는 헤어스타일을 바꾸고 싶어요. 4 너무 많이 자르지 마세요. 5 머리를 세팅해 주세요. 6 전세와 월세 임대가 있어요. 7 이 집은 햇빛이 잘 들어요. 8 여권을 잃어버렸어요. 9 누군가에게 소매치기를 당했어요. 10 한 번에 몇 권을 대출할 수 있나요?

1

바로 여기가 아파요.
就 是 这 里 疼。
jiù shì zhè lǐ téng
찌우 쓰 쩌 리 텅

2

가슴이 답답해요.
我 胸 很 闷。
wǒ xiōng hěn mēn
워 씨옹 헌 먼

3

변비가 있어요.
我 有 便 秘。
wǒ yǒu biàn mì
워 요우 삐앤 미

4

식욕이 없어요.
我 没 有 胃 口。
wǒ méi yǒu wèi kǒu
워 메이 요우 웨이 코우

5

두드러기가 납니다.
我 皮 肤 起 疙 瘩。
wǒ pí fū qǐ gē da
워 피 푸 치 꺼 다

6

왼쪽 어깨가 뻐근해요.
我 左 肩 不 舒 服。
wǒ zuǒ jiān bù shū fú
워 주오 찌앤 뿌 수 푸

7

미끄러져 넘어졌어요.
我 滑 倒 了。
wǒ huá dǎo le
워 후아 다오 러

8

넘어져서 다리를 다쳤어요.
我 摔 伤 了 腿。
wǒ shuāi shāng le tuǐ
워 쑤아이 쌍 러 투이

9

충치가 생긴 것 같아요.

我 好 像 有 蛀 牙 了。
wǒ hǎo xiàng yǒu zhù yá le
워 하오 씨앙 요우 쭈 야 러

10

이를 때워야 해요.

你 需 要 补 牙。
nǐ xū yào bǔ yá
니 쒸 야오 부 야

11

피부가 건조해요.

皮 肤 很 干 燥。
pí fū hěn gān zào
피 푸 헌 깐 짜오

12

코가 막혔어요.

鼻 子 堵 了。
bí zi dǔ le
비 즈 두 러

13

계속 코피가 나요.

一 直 在 流 鼻 血。
yì zhí zài liú bí xiě
이 즈 짜이 리우 비 시에

14

편도선이 부었어요.

扁 桃 腺 肿 了。
biǎn táo xiàn zhǒng le
비앤 타오 씨앤 종 러

15

입원해야 합니까?

要 不 要 住 院 啊?
yào bú yào zhù yuàn a
야오 부 야오 쭈 위앤 아

16

약은 먹었어요?

吃 药 了 吗?
chī yào le ma
츠 야오 러 마

TALK! TALK! CHINESE!

30일 만에 끝내는 왕초보 핵심 best 중국어회화

• 일상회화 편 •

리스닝 연습을 위한
HANDBOOK

중국어 실력을 향상시키기 위해서 스피킹이 중요하지만 리스닝 또한 상당히 중요합니다. 스피킹과 리스닝에 대한 기본실력을 갖출 때 회화실력이 쑥쑥 늘어납니다. 책속부록에서는 한글 발음을 삭제한 본문 전체 표현을 수록하여 한국어와 중국어로 동시 녹음된 MP3 파일을 들으면서 다시 한 번 리스닝을 할 수 있도록 구성하였습니다.

1 day 인사와 안부

(친한 사람에게) 안녕.	你好。
잘 지내세요?	你过得好吗？
(오전) 안녕하세요.	早上好。
(오후) 안녕하세요.	下午好。
(저녁) 안녕하세요.	晚上好。
안녕히 주무세요.	晚安。
정말 오래간만이에요.	好久不见啦。
어떻게 지내세요?	你过得怎么样？
정말 만나서 반가워요.	见到你很高兴。
당신은 하나도 변하지 않았어요.	你一点都没变。
낯이 익은 것 같아요.	你看上去很面熟。
어딘가에서 본 것 같은 생각이 들어요.	我好像在哪儿见过你。
우리 전에 만난 적 있지 않나요?	我们是不是见过面啊？
그동안 어떻게 지냈어요?	你是怎么过的？
요즘 별 일 없으시죠?	近来你过得好吗？
사업은 잘 되세요?	你事业順利吗？
가족들은 다 안녕하시죠?	你家人都好吧？
모두들 잘 지내시나요?	大家都好吗？
모두 잘 지내요.	大家过得都很好。
아주 좋아요. 모든 일이 다 잘 되고 있어요.	非常好。一切都很好。
덕분에 잘 지내요.	托你的福，我过得很好。
가족들은 모두 건강하게 지내요.	我家人都很好。

늘 똑같죠 뭐. 항상 바쁘네요.	老样子啦。一直都很 忙。
저는 이만 가야겠어요.	我该走了。
오늘 만나 뵙게 되어서 반가웠어요.	今天见到你很高兴。
안녕히 가세요. 잘 지내세요.	请走好。保重。
잘 가요. 오늘 이야기 즐거웠어요.	走好。今天我们谈得很开心。
또 봐요. 연락할게요.	再见。我给你打电话。

 **2.day 소개하기**

두 사람 전에 인사 나눈 적 있으세요?	你们两个人以前见过面吗?
인사를 나눈 적이 없는 것 같군요.	我们以前好像没见过面。
실례지만, 성함이 어떻게 되세요?	请问，您叫什么名字?
이름을 다시 말씀해 주세요.	请你再说一遍你的姓名。
제 소개를 할게요.	我来做一下自我介绍吧。
안녕하세요? 저는 이수진입니다.	大家好? 我是李秀真。
그냥 수진이라고 부르세요.	请叫我秀真好了。
저는 서울에서 태어나고 자랐어요.	我生长在首尔。
만나서 반가워요.	认识你很高兴。
만나서 영광입니다.	认识你很荣幸。
저야말로 영광입니다.	我也很荣幸认识你。
처음 뵙는 것 같아요.	我们不曾见过面。
당신을 만나게 되어 매우 기뻐요.	认识你我非常高兴。
소개해 주고 싶은 사람이 있어요.	我想介绍一个人给你。
당신을 모두에게 소개할게요.	我要把你介绍给大家。
이 분은 영업부의 왕핑 씨입니다.	这位是销售部的王平先生。
그는 나의 동료입니다.	他是我的同事。

왕하오 씨, 제 아내입니다.　王浩先生，这是我太太。

이분은 저의 아버님이십니다.　这位是我的父亲。

말씀 많이 들었어요.　久仰您的大名。

알아요. 새로 오신 분이시죠?　我知道。你是新来的吧?

우리 좀 더 자주 만나요.　我们经常见面吧。

당신과 더 친해졌으면 좋겠어요.　我希望我们能相处得更好。

연락하고 지내요.　我们要保持联络呀。

나중에 또 봐요.　改天见。

곧 만납시다.　我们快点见面吧。

그 때가 기다려지는군요.　我很期盼那一天。

당신과 어떻게 하면 연락할 수 있어요?　我怎么跟你联络呢?

3 day 개인의 신상

부모님과 같이 사세요?　你跟父母亲一起住吗?

저는 가족들과 떨어져 지내요.　我离开家一个人住。

식구는 몇 분이세요?　你家有几口人啊?

형제가 있나요?　你有兄弟姐妹吗?

저는 형제가 없어요.　我没有兄弟姐妹。

저는 누나와 두 형이 있어요.　我有姐姐和两个哥哥。

저는 결혼했어요.　我结婚了。

우리는 결혼한 지 3년이 됐어요.　我们结婚三年了。

저는 딸이 하나 있어요.　我有一个女儿。

저는 아직 제게 딱 맞는 상대를 찾고 있어요.　我正在找跟我相配的人。

어디 출신이세요?　你是哪儿的人啊?

저는 상하이 출신이에요.　我来自上海。

친척들이 거의 상하이에 살고 있어요.　亲戚们差不多都住在上海。

어디에 사세요?　你住在哪里啊?

단독주택에 사세요, 아파트에 사세요?　是独门独院还，是公寓啊?

저는 이곳에서 3년째 살고 있어요.　我在这里住了三年了。

저는 이 동네가 마음에 들어요.　我喜欢住这一带。

저는 통통해요.　我有点胖。

날씬하시군요.　你真苗条啊。

키가 크시네요.　你个子真高啊。

체격이 좋으시네요.　你体格真好啊。

저는 화장을 거의 하지 않아요.　我几乎不化妆。

제 키가 좀 더 컸으면 좋겠어요.　我希望个子再高一点。

무슨 일을 하세요?　你做什么工作啊?

저는 자영업을 하고 있어요.　我自己开公司。

직책은 어떻게 되세요?　你的职位是什么啊?

저는 총지배인을 맡고 있어요.　我是总经理。

저는 파트타임으로 일해요.　我按小时打工。

4 day 시간과 날짜

지금 몇 시인가요?　现在几点了?

7시 정각이에요.　七点整。

11시 15분이에요.　十一点十五分。

6시가 조금 넘었어요.　六点多了。

당신 시계는 정확한가요?　你的表准吗?

제 시계는 5분 빠르네요.　我的表快五分钟。

제 시계는 고장 났어요.　我的表坏了。

제 시계는 5분 느리네요.	我的表慢五分钟。
몇 시인지 알려주시겠어요?	请问现在几点?
오늘 몇 시까지 일할 거예요?	今天你工作到几点?
내일 시간 있으세요?	明天你有时间吗?
일주일간 휴가를 얻을 수 있을까요?	你能请一周的假吗?
저는 8월 15일에 돌아올 거예요.	我八月十五号回来。
오늘이 며칠인가요?	今天几号啊?
모레가 무슨 날이에요?	后天是什么日子啊?
다음 주 화요일이 며칠인가요?	下周四是几号啊?
오늘 무슨 요일인가요?	今天星期几?
오늘은 금요일이에요.	今天星期五。
19일이 무슨 요일인가요?	十九号是星期几啊?
오늘이 특별한 날인가요?	今天是什么特别的日子吗?
크리스마스는 무슨 요일인가요?	圣诞节是礼拜几啊?
방학이 언제부터에요?	你什么时候开始放假?
달력을 확인해 보겠어요.	我要看看日历。
시간이 됐어요.	时间到了。
정확히 7시에 나갈 거예요.	我七点整出去。
서둘러요. 시간이 없어요.	快点。时间来不及了。
서두를 필요 없어요. 시간이 충분해요.	没必要快。时间来得及。
제 생각에는 좀 돌아가는 것 같은데요.	我看你是绕路了。

5 화젯거리

정말 예쁘세요.	你真漂亮啊。
당신은 자연스런 아름다움이 있어요.	你有着一种自然美。

나이에 비해 젊어 보이세요.	你看上去很年轻。
보조개가 예쁘시네요.	你的酒窝好漂亮。
너무 화창한 날씨군요.	真是个晴朗的好天气呀。
비가 올 것 같아요.	好像要下雨。
오늘은 좀 쌀쌀해요.	今天天气凉飕飕的。
오늘 첫눈이 올 거래요.	听说今天会下第一场雪。
봄과 가을이 가장 좋은 계절이에요.	春天和秋天是最好的季节。
정말 멋진 직업이군요.	真是一个很棒的工作呀。
저는 지금 하는 일에 만족하고 있어요.	我对现在的工作很满意。
이 일을 하신 지는 얼마나 되셨어요?	你做这个工作多久了?
사무실은 어디에 있어요?	办公室在哪里啊?
저는 낙천주의자예요.	我是个乐观主义者。
저는 덜렁대는 편이에요.	我性格很马虎。
저는 그렇게 사교적이지 못해요.	我性格不太开朗。
저는 개방적이에요.	我性格开放。
저는 밝고 쾌활하다는 소리를 많이 들어요.	人们说我性格开朗活泼。
저는 규칙적으로 운동을 해요.	我有规律地锻炼身体。
저는 지금 다이어트 중이에요.	我现在在减肥呢。
저는 건강이 좋지 않아요.	我身体不太好。
저는 담배를 끊었어요.	我戒烟了。
저는 술을 줄이려고 노력 중이에요.	我在努力尽量少喝酒。
그 사람은 성격이 좋아요.	他性格很好。
그는 다혈질이에요.	他脾气暴燥。
그는 너무 보수적이에요.	他太保守了。
그녀는 허풍쟁이에요.	她是个吹牛大王。
그녀는 좀 수줍어하는 것 같아요.	她好像有点害羞。

승진을 축하드립니다.	恭喜你高升。
성공을 축하드립니다.	恭喜你成功。
승리를 자축해요!	我们来庆祝胜利吧!
축하해요! 저도 기뻐요.	恭喜恭喜! 我也很高兴。
대학교에 합격한 것을 축하해요.	恭喜你考上了大学。
시험에 합격한 것을 축하해요.	恭喜你通过了考试。
생일을 축하해요.	祝你生日快乐。
만수무강하세요.	祝您健康长寿。
결혼기념일을 축하해요.	祝贺结婚纪念日。
은혼식을 축하드립니다.	恭喜银婚。
결혼을 축하해요.	恭喜你结婚。
두 사람 행복하길 빌어요.	祝你们两位幸福。
출산을 축하해요.	恭喜你生下了一个宝宝。
아주 잘하고 있어요.	你做得很好。
능력이 대단하시군요.	你真有能力。
당신은 상 받을 자격이 있어요.	这个奖是你应得的。
네가 정말 자랑스럽구나.	我真为你骄傲。
즐거운 명절 되세요.	祝你节日快乐。
즐거운 크리스마스 되세요.	祝你圣诞快乐。
새해 복 많이 받으세요.	新年快乐。
새해에는 모든 행운이 깃들기를!	祝你新年大吉大利!
더 나은 해가 되길 바랄게요.	祝你新年进步。
행운을 빌어요!	祝你好运!

좋은 일만 가득하길 빌어요.	祝你好事多来。
모든 일이 잘 되길 바랄게요.	祝你万事如意。
항상 기쁜 일만 가득하길 빌게요.	祝你永远快乐。
당신은 크게 성공하실 거예요.	你一定会成功。
당신의 삶이 항상 행복하길 바랄게요.	祝你生活幸福。

 **7** day **감정을 표현할 때**

저는 너무 행복해요.	我好开心啊。
기분이 끝내줘요.	心情好极了。
당신 행복해 보여요.	你看上去很开心。
당신이 잘 돼서 저도 기뻐요.	你成功了我真高兴。
정말 행복한 시간이었어요.	我玩儿得很愉快。
더 이상 기쁠 수는 없을 거예요.	我开心到极点了。
기분이 그냥 좀 그랬어요.	我的心情不太好。
고민이 많아요.	我有心事。
아무것도 할 기분이 아니에요.	我什么也不想做。
한숨도 못 잤어요.	我一夜没睡。
화가 나요.	我很生气。
더 이상은 못 참겠어요.	我再也不能忍了。
그가 나를 정말 열 받게 했어요.	他真的很令我生气。
말문이 막히네요.	我说不出话来了。
놀랐잖아요.	你吓了我一跳。
정말 놀랍구나!	吓死人了!
이거 충격적인데요.	很令人震惊。
오, 이런! 말도 안 돼!	绝对不可能!

너무 슬퍼요.	我很难过。
울고 싶어요.	我想哭。
눈앞이 캄캄해요.	我眼前一片茫然。
이보다 더 나쁜 일은 없을 거예요.	没有比这更糟糕的了。
삼가 깊은 조의를 표합니다.	表示我深切的哀悼。
너무 가슴 아파요.	我心痛得不得了。
너무 걱정하지 말아요.	不要太担心了。
용기를 잃지 말고 기운 내세요.	别泄气，鼓起勇气来。
당신이 해낼 거라고 믿어요.	我相信你一定能成功。
다 잘 될 거예요.	一切都会好的。

8 day 감사와 사과의 말

대단히 감사합니다.	非常感谢。
당신에게 매우 감사하고 있어요.	我非常感谢你。
고맙다는 말을 전하고 싶었어요.	我很想说声谢谢你。
다들 고마워하고 있어요.	大家都非常感谢你。
도와주신 데 대해 감사드립니다.	谢谢你的帮助。
친절에 감사드립니다.	谢谢你的友好。
배려해 주신 데 대해 감사드립니다.	谢谢你的细心关怀。
칭찬해 주셔서 감사합니다.	谢谢你的夸奖。
저를 위해 애써주셔서 감사드립니다.	谢谢你对我的关怀照顾。
천만에요.	不要客气。
도움이 됐다니 저도 기뻐요.	我很高兴能帮助你。
과찬의 말씀입니다.	你过奖了。
제가 오히려 고맙지요.	我应该谢谢你才对。

미안해요.	不好意思。
정말 죄송해요.	真是很抱歉。
기분 나빴다면 미안해요.	对不起冒犯你了。
일부러 그런 게 아니었어요.	我不是有意那样做的。
용서해 주세요.	请原谅。
한번만 봐 주세요.	就原谅我这一次吧。
괜찮아요. 그럴 수도 있죠.	没什么。不必放在心上。
당신의 사과를 받아드릴게요.	我接受你的道歉。
앞으로는 조심하세요.	以后要注意。
다시는 이런 일이 없도록 해주세요.	不许再有下回。
사과해 줘서 고마워요.	多谢你的道歉。
유감스럽지만, 당신 사과를 받아들일 수 없어요.	很遗憾，我不能接受你的道歉。
그를 용서할 수 없어요.	我不能原谅他。
어떻게 나에게 이럴 수 있어요?	你怎么能这样对我?
변명하지 마세요.	不要解释。

9 부탁과 양해를 구할 때

부탁을 해도 될까요?	我可以请你帮忙吗?
꼭 부탁드릴 게 있어요.	我有事请你一定要帮我。
개인적인 부탁 하나 해도 될까요?	我可以请你帮个忙吗?
당신에게 꼭 부탁할 게 있는데요.	我有事一定要请你帮忙。
펜을 좀 빌릴 수 있나요?	我可以借一下你的笔吗?
이 짐을 운반해 주세요.	请帮我搬运一下这个行李。
물론이죠. 말만 하세요.	当然可以。你说好啦。
말씀해 보세요. 기꺼이 해 드릴게요.	你说吧。我一定帮你。

어떻게 당신 부탁을 거절하겠어요? | 我怎么能拒绝你的请求呢?

당신을 돕게 돼서 기뻐요. | 我很高兴能够帮你。

안 되겠어요. | 不行。

미안하지만, 지금은 안 되겠어요. | 不好意思，我现在不行。

제가 바빠서 당신 부탁을 들어줄 시간이 없군요. | 我很忙，帮不了你。

여기 앉아도 될까요? | 我可以坐这儿吗?

이것을 좀 빌릴 수 있어요? | 这个我可以借一下吗?

실례지만, 옆으로 좀 가주시겠어요? | 不好意思，请靠边一点儿。

담배를 피워도 될까요? | 我可以抽烟吗?

저를 좀 도와주시겠어요? | 请帮我一下，好吗?

당신의 도움이 꼭 필요해요. | 我非常需要你的帮助。

이 일 좀 도와주실래요? | 这件事请你帮我，好吗?

제가 도와 드릴게요. | 我来帮你。

기꺼이 도와 드릴게요. | 我很乐意帮你。

제가 할 수 있는 건 할게요. | 要是我能做我就做。

제가 필요하면 언제든지 부르세요. | 你有事，请随时叫我。

저 혼자 할 수 있어요. | 我能自己做。

제가 해야 할 일인데요. | 这是我应该做的。

괜찮아요. 말이라도 고마워요. | 不用了。谢谢你。

의견을 표현할 때

당신은 어떻게 생각하세요? | 你是怎么想的?

좋은 의견이 있으신가요? | 有没有什么好意见?

우리가 어떻게 해야 할까요? | 你说我们应该怎么办呢?

이 건에 대한 당신 생각은 무엇인가요? | 对于这件事你是怎么看的?

제가 한 마디 해도 될까요?	我可以说一句吗？
제게 좋은 생각이 있어요.	我有一个好主意。
제 소견을 말씀드리겠어요.	我来发表一下我的意见。
한 가지 제안을 드려도 될까요?	我可以提一个建议吗？
제게 좋은 수가 있어요.	我有一个好办法啦。
그 결심 잘 하셨어요.	这个决定你做得好。
저는 제 방식대로 하겠어요.	我要按照我的方式去做。
왜 마음을 바꾸셨어요?	你怎么改变主意了呢？
어려운 결심을 하셨군요.	你做了一个艰难的决定。
당신 의견에 동의해요.	我同意你的想法。
저도 그렇게 생각해요.	我也那么想。
좋아요. 그거 멋진 생각이네요.	好的。是个好主意。
당신은 저와 의견이 통하는군요.	你跟我意见相同。
당신 의견에 반대해요.	我不同意你的意见。
저는 그렇게 생각하지 않아요.	我不那样想。
그것은 납득할 수 없어요.	那没有说服力。
내가 그럴 줄 알았어요.	我就知道会那样。
당신은 틀림없이 잘할 거예요.	你一定会做得很好。
예감이 좋지 않군요.	预感不太好。
이것은 예상 밖이군요.	这真是意料之外。
다시 생각해 보세요.	请再考虑考虑吧。
우리 나중에 얘기해요.	我们改天再谈吧。
며칠 동안 생각할 시간을 주세요.	请给我几天的时间考虑。

11 day 전화하기

안녕하세요, 왕하오 씨 있나요?	你好，王浩先生在吗？
왕하오 씨와 통화하고 싶어요.	请王浩先生听电话。
왕핑 씨 좀 바꿔주세요.	请找一下王平先生。
그의 내선번호가 바뀐 것 같은데요.	他的内线电话可能变了。
여보세요, 왕하오입니다.	喂，我是王浩。
전데요, 누구신가요?	我就是，您是哪位啊？
누구시라고 전해드릴까요?	请问您是哪位？
어느 분을 찾으세요?	请问您找哪位啊？
지금은 바빠요. 나중에 다시 걸게요.	现在我很忙。以后再打给你。
그에게 연결해 드릴게요.	我把电话转给他。
끊지 말고 기다려주세요.	别挂掉请等一下。
전화 받으세요.	请接电话。
2번 전화가 와 있어요.	二号线来电话了。
죄송하지만, 그가 통화중이신데요.	不好意思，他正在通话呢。
그는 지금 회의 중이에요.	他现在正在开会呢。
제가 지금 통화하기 어려워요.	我现在不方便听电话。
제가 나중에 전화 드려도 될까요?	我过一会儿给你打电话好吗？
그에게 메시지 남겨드릴까요?	要不要给他留言？
제게 전화 좀 해달라고 전해주실래요?	请你转告他给我回个电话。
왕핑에게 전화 왔었다고 전해주시겠어요?	请你转告他王平来过电话。
전화를 잘못 거셨습니다.	你打错电话了。
여기 그런 사람 없어요.	这里没有那个人。

안 들리네요. 끊었다가 다시 걸게요.　听不到。我挂掉后再打。

전화가 혼선이 되네요.　电话串线了。

제가 문자 메시지 보낼게요.　我给你发短信。

배터리가 얼마 없어요.　快没电池了。

휴대폰도 꺼놓고 뭐하세요?　干嘛把手机也关掉了？

 **12 day　약속과 만남**

일 끝나고 한가하세요?　下班以后你有空吗？

오늘 저녁 시간 있으세요?　今晚你有时间吗？

내일 일정이 어떻게 되세요?　你明天的日程怎么样？

수요일에 시간 있어요?　礼拜三你有空吗？

우리 몇 시에 만날까요?　我们几点见面呢？

5시 이후라면 언제든 좋아요.　五点以后都可以。

7시 어떠세요?　七点怎么样啊？

아무 때나요. 당신이 시간 정하세요.　我什么时间都行。你定时间吧。

늦지 마세요.　别晚啦。

우리 어디서 만날까요?　我们在哪里见面呢？

어디 좋은 곳을 아세요?　你知道不错的地方吗？

제가 그쪽으로 가는 게 어때요?　我去你那边好吗？

근처에 근사한 레스토랑이 있어요.　附近有一个很不错的餐厅。

오늘 저녁 약속 안 잊었죠?　今晚的约会你没忘吧？

약속을 앞당길 수 있을까요?　我们能提前见面吗？

우리 다른 날 만나면 어때요?　我们改天见好吗？

약속을 다음 기회로 미룰 수 있을까요?　我们下回见好吗？

약속을 6시로 바꾸고 싶어요.　我想把见面的时间改到六点。

미안하지만, 약속을 취소해야겠는데요.   很抱歉，我们不能见面了。

언제 도착하세요?   你什么时候到?

거의 다 왔어요.   我差不多就要到了。

그는 조금 늦는다고 했어요.   他说他要晚一点。

왜 이제 와요? 2시까지 온다고 했잖아요?   你怎么才来。你不是说两点到的吗。

미안해요. 저녁은 제가 살게요.   对不起。晚饭我请。

왜 안 오는 거예요?   你怎么还不来?

약속을 잊은 거예요?   你是忘记了我们的约会吗?

더 이상은 못 기다리겠어요.   我不能再等了。

왜 나를 바람 맞혔어요?   你为什么放我鸽子?

13 day 길 묻기와 안내

길을 좀 물어봐도 될까요?   我想问一下路可以吗?

여기가 어디인가요?   这是什么地方啊?

길을 잃었는데, 도와주시겠어요?   我迷路了，请帮我好吗?

어느 길로 가야 하나요?   应该走哪条路啊?

지름길이 있나요?   有没有近路啊?

좀 더 자세히 안내해 주실래요?   请说得再详细一点儿。

지도에서 위치를 알려주시겠어요?   在地图上的哪个位置?

이 지도에 표시를 해주세요.   请在地图上做一下标记。

제가 약도를 그려 드릴게요.   我给你画一下路线图吧。

공항으로 가는 길을 가르쳐 주시겠어요?   请问去机场怎么走啊?

가장 가까운 은행을 알려주시겠어요?   请问最近的银行在哪儿?

지하철역에 어떻게 가야 하나요?   请问地铁站怎么走?

실례지만 화장실이 어디에 있나요?   请问洗手间在哪儿?

공항까지 얼마나 걸리나요?　请问去机场需要多长时间啊?

여기서 얼마나 먼가요?　离这里有多远啊?

거기까지 걸어서 얼마나 걸릴까요?　去那里走路要多长时间?

걸어가기엔 너무 먼 거리예요.　走路很远。

제가 길을 알려 드릴게요.　我告诉你怎么走吧。

어디 가시는 길이세요? 제가 안내할게요.　你是去哪儿啊。我来告诉你吧。

길을 건너가세요.　请过马路。

신호 지나서 있어요.　过了红禄灯就是。

길을 내려가면 바로 있는데요.　沿着这条路走下去就是。

길 건너편에 있어요.　在这条路的对面。

찾기 아주 쉬워요. 저기 안내표시를 따라가세요.　很好找。沿着那边的路牌走。

첫 번째 신호등에서 왼쪽으로 도세요.　在第一个红禄灯往左拐。

저는 이 지역을 잘 몰라요.　我不太熟悉这个地方。

저는 여기가 초행길이에요.　我第一次走这条路。

다른 사람에게 물어보세요.　请问别人吧。

14 day 초대와 방문

저희 집에 저녁 드시러 오시겠어요?　你来我们家吃晚餐, 好吗?

제 초대를 받아주시겠어요?　你能应邀吗?

제 생일 파티에 오실래요?　你能参加我的生日聚会吗?

이번 주말에 모임이 있는데 오시겠어요?　这个周末有聚会, 你来吗?

토요일에 개업식이 있는데 오시겠어요?　周六有开业典礼, 你来吗?

당신을 파티에 초대하고 싶어요.　我想请你来参加派对。

초대해 주셔서 감사합니다.　多谢你的邀请。

물론 제가 가야죠.　我当然要去。

꼭 가겠습니다.   我一定去。

좋아요, 기대가 되네요.   好的，我很期待。

죄송하지만, 저는 못 가요.   不好意思，我不能去。

고맙지만, 안 되겠어요.   非常感谢，可是我不行。

유감스럽지만, 참석하지 못할 것 같군요.   很可惜，恐怕我不能参加。

이 파티 진짜 멋있다!   这个派对很棒!

음료 마음껏 드세요.   饮料请随便喝。

저와 춤추시겠어요?   请跟我跳个舞好吗?

제가 대화에 끼어도 될까요?   我可以加入你们的谈话吗?

저희 집에 오신 걸 환영해요.   欢迎你来我们家。

꽃을 좀 사왔어요.   我买来了一些花。

편히 앉으세요.   请随便坐。

저희 집을 구경시켜 드릴게요.   我带你看看我的家。

좋은 집에 사시네요.   你的家真漂亮啊。

방을 예쁘게 꾸몄네요.   你的房间布置得真漂亮啊。

정말 어울리는 한 쌍이에요.   真是很相配的一对呀。

신부가 너무 아름다워요.   新娘子真漂亮。

신혼여행은 어디로 간다고 해요?   去哪里度蜜月呀?

정말 아름다운 결혼식이었어요.   真是一个很美好的婚礼。

결혼식에 참석해 주셔서 기뻐요.   你来参加婚礼我很开心。

15 day   여가시간과 취미

여가시간에 뭐하고 보내세요?   你没事的时候一般做什么?

저는 여가시간에 책 읽는 게 좋아요.   我在闲暇时间喜欢看书。

저는 가능한 한 자주 운동을 하려고 노력해요.   我尽量做运动。

저는 휴일엔 하루 종일 TV만 봐요.	我周末整天在家里看电视。
주말에는 뭐하고 보내세요?	你周末做什么?
저는 주로 친구들을 만나요.	我一般见朋友。
저는 경기를 보러 경기장에 가요.	我去运动场看比赛。
드라이브 하는 거 어떠세요?	开车兜风怎么样啊?
오늘밤 TV에서 뭐해요?	今晚电视里播什么?
9번 채널로 돌려보세요.	你看九频道吧。
이건 재방송이에요.	这是重播。
저는 텔레비전 퀴즈프로를 보면 너무 재미있어요.	我爱看小问答类的节目。
이 시트콤 정말 재미없어요.	这个室内剧真没意思。
취미가 뭐예요?	你的爱好是什么啊?
뭔가 배우는 게 있나요?	你在学什么吗?
특별히 좋아하는 게 있나요?	你有特别喜欢的吗?
연주할 수 있는 악기가 있어요?	你能弹乐器吗?
저는 특별한 취미가 없어요.	我没有什么爱好。
저는 여행을 좋아해요.	我喜欢旅行。
저는 사진 찍는 것에 관심이 많아요.	我对摄影很感兴趣。
저는 영화광이에요.	我是个电影迷。
저는 록음악에 빠졌어요.	我迷上了摇滚音乐。
저는 피아노를 쳐요.	我能弹钢琴。
어떤 운동을 좋아하세요?	你喜欢什么运动啊?
저는 축구 팬이에요.	我是个足球迷。
저는 최근에 조깅을 시작했어요.	我最近开始跑步了。
저는 등산에 푹 빠졌어요.	我迷上了爬山。
저는 십 년 넘게 골프를 치고 있어요.	我打高尔夫球十年了。

어떤 영화를 즐겨보세요?	你爱看什么样的电影啊?
저는 액션 영화를 좋아해요.	我爱看武打片。
저랑 자리 좀 바꿔주시겠어요?	请跟我换一下位子, 好吗?
우리 팝콘 먹을까요?	我们吃玉米花好不好啊?
영화가 정말 감동적이에요.	这部电影真感人。
그 영화는 지루했어요.	那部电影很没有意思。
어떤 음악을 좋아하세요?	你喜欢什么样的音乐啊?
가장 좋아하는 음악가는 누구인가요?	你最喜欢的音乐家是谁啊?
그 콘서트는 정말 멋졌어요.	那个音乐会非常棒。
추상화 좋아하세요?	你喜欢抽象画儿吗?
이 작품은 누가 그린 거예요?	这个作品是谁画的呀?
정말 훌륭한 작품이군요.	真是个很不错的作品啊。
이 그림 진품이에요?	这幅画是原作吗?
오늘 밤 좌석을 예약하고 싶어요.	我要预定今晚的座位。
가장 싼 좌석으로 2장 주세요.	请给我两张最便宜的座位。
공연 팸플릿을 판매하나요?	卖演出小册子吗?
그 오페라는 모두 아주 훌륭했어요.	那些歌剧都非常好。
그 공연은 재미없어요.	那个演出没有意思。
어디서 경극을 볼 수 있나요?	请问在哪里能看到京剧啊?
경극표는 어디서 살 수 있나요?	请问在哪里能买到京剧票啊?
다음 경극 공연은 몇 시부터인가요?	下场京剧是在几点啊?
안에서 사진 찍어도 되나요?	可以在里边照相吗?
경극 공연이 너무 멋졌어요.	京剧真是太棒了。
어느 팀을 응원할 거예요?	你为哪个队加油啊?

저 팀은 수비가 정말 좋아요.　　　　　那个队防守得很好。

막상막하의 게임이군요.　　　　　　这个比赛真是不分胜负啊。

경기가 끝났어요!　　　　　　　　　比赛结束了!

우리가 결승전에 진출했어요.　　　　我们进入了决赛。

17 day　관광하기

어떤 관광이 인기가 있나요?　　　　什么样的观光更流行啊?

거기서 볼거리는 어떤 게 있나요?　这里有什么可看的?

어디를 먼저 가야 할까요?　　　　　应该先去哪儿啊?

이화원은 꼭 들려보세요.　　　　　你一定要去颐和园看看。

야간 투어를 하고 싶어요.　　　　　我想夜间旅行。

가장 인기 있는 투어가 뭔가요?　　最流行的旅行是什么?

여행 안내소는 어디에 있나요?　　旅行咨询处在哪儿啊?

관광 지도를 주세요.　　　　　　　请给我旅行地图。

여기서 여행 예약을 할 수 있나요?　可以在这里办旅行预订吗?

한국어를 하는 가이드가 있나요?　有讲韩文的导游吗?

유람선 타는 곳은 어디인가요?　　坐游船的地方在哪儿?

시내 관광버스가 있나요?　　　　有市内观光客车吗?

택시 좀 불러주시겠어요?　　　　请帮我叫辆出租车好吗?

입장료는 얼마인가요?　　　　　　门票是多少钱?

오늘밤 좋은 공연이 있나요?　　　今晚有好看的演出吗?

미술관의 안내책자가 있나요?　　有美术馆的导游小册子吗?

이 지방의 명물 음식이 무엇인가요?　这个地方有什么特色菜?

이 짐을 보관해 주시겠어요?　　　请帮我保管这个行李行吗?

사진 좀 찍어주시겠어요?　　　　麻烦您给照张相行吗?

이 버튼을 누르시면 돼요.　按这个钮就行了。

준비됐어요. 찍으세요.　我们都准备好了。照吧。

여기서 사진 찍어도 되나요?　可以在这个地方拍照吗?

당신 사진을 찍어도 될까요?　给你照张相好吗?

저는 한국에서 왔어요. 당신은요?　我从韩国来。您呢?

혼자 여행하세요?　你是一个人旅行吗?

우리 자리에서 함께 드시겠어요?　跟我们合桌一起吃好吗?

같이 한 시간이 정말 좋았어요.　跟大家在一起很开心。

즐거운 여행되세요!　祝你旅行愉快!

18 day 렌터카&자동차 이용

자동차를 빌리고 싶어요.　我想租用一辆车。

3일 동안 렌트하고 싶은데요.　我要租用三天。

소형차로 빌려주세요.　我要租用小型车。

차를 어디에 돌려줘야 하나요?　我应该把车还到哪里?

운전 잘 하세요?　你车开得好吗?

저는 초보운전자예요.　我刚学会开车。

안전벨트를 매세요.　请系好安全带。

우측 차선으로 들어가 주세요.　请开进右边的车道。

에어컨 좀 켜주세요.　请打开空调。

히터를 좀 줄여 주세요.　请把暖气调小一点儿。

기름이 거의 다됐어요.　汽油快用完了。

주유소를 찾고 있어요.　我在找加油站。

기름을 가득 채워 주세요.　汽油要加得满满的。

새 타이어로 바꿔주세요.　换新轮胎吧。

엔진 오일 좀 봐주시겠어요?	请帮我看一下发动机的润滑油。
자동차를 점검하러 왔어요.	我是来检修汽车的。
다른 비용은 없나요?	有没有其他的费用?
견적서를 좀 보내주시래요?	请发给我一份估价单。
여기에 주차해도 될까요?	这里可以停车吗?
사무실 근처에 주차할 수 있나요?	办公室附近可不可以停车?
죄송해요, 여기에 주차하실 수 없어요.	不好意思，这里不可以停车。
시내에는 유료주차장이 있어요.	市内有收费停车场。
시간당 주차요금이 얼마인가요?	停车费一个小时多少钱?
딱지를 끊겠습니다.	开罚单了。
저는 속도를 지킨 것 같은데요.	我没有超速啊。
당신 차가 제 차를 막았어요.	你的车挡住了我的车。
저는 교통 표지판을 보지 못했어요.	我没有看到交通牌。
한 번만 봐주세요.	就请原谅我这一次吧。

19 day 택시와 대중교통

트렁크에 여행 가방을 실을 수 있나요?	我把行李放在后车箱里好吗?
(주소를 보여주며) 이 주소로 가주세요.	请去这个地址。
여기서 기다려 주시겠어요?	请在这儿等一下好吗?
시간이 없는데, 속도를 내주세요.	时间来不及了，请快点儿开。
잔돈은 그냥 가지세요.	零钱不用找了。
요금이 너무 많이 나온 것 같아요.	车费太贵了。
택시 한 대 바로 보내주시겠어요?	请马上派一辆出租汽车来好吗?
택시를 어디로 보내드릴까요?	出租汽车派到哪儿啊?
택시로 약 20분 걸립니다.	打的大概需要二十分钟。

버스가 얼마나 자주 다녀요?	公共汽车多长时间来一次啊?
다음 직행버스는 몇 시에 오나요?	下一班直通汽车几点到啊?
그 버스는 몇 번 정차하나요?	那辆公车中间停几次啊?
버스가 저녁 몇 시에 끊기나요?	公共汽车晚上几点停开啊?
이 버스가 공항에 가나요?	请问这个汽车到机场吗?
123번 버스는 어디서 타야 하나요?	一百二十三路汽车在哪里坐啊?
버스 요금은 얼마인가요?	公共汽车费是多少钱?
제가 어디서 내려야 하는지 말씀해 주시겠어요?	请告诉我在哪里下车好吗?
정류장을 지나쳤어요. 여기서 좀 내려주시겠어요?	我坐过站了。请在这里停一下好吗?
지하철 승차권은 어디서 사나요?	请问地铁票在哪儿买呀?
지하철 노선도 좀 주세요.	请给我一张地铁路线图。
천안문 광장은 어디서 내려야 하나요?	请问去天安门广场在哪里下车?
다음 역은 어디인가요?	请问下一站是哪里?
이곳이 갈아타는 곳인가요?	这里是换乘站吗?
상해 행 기차표를 예매하고 싶어요.	我要预定去上海的票。
더 빠른 열차 편은 없나요?	有没有再快一点的火车?
왕복 승차권을 주세요.	我要买往返车票。
여기는 제 자리인 것 같은데요.	这里应该是我的位。
식당칸은 어디인가요?	餐厅车厢在哪儿?

컴퓨터와 사무기기 이용

컴퓨터에 대해 잘 아세요?	你熟悉电脑吗?
이 소프트웨어에는 편리한 기능들이 많아요.	这个软件有很多便利的功能。
전에 이 데이터베이스 사용해보신 적 있어요?	你以前用过这个数据库吗?
이 소프트웨어 쓸 줄 아세요?	你会使用这个软件吗?

이 소프트웨어 사용법을 알려주실래요?	告诉我怎么使用这个软件好吗?
저는 그것의 작동법을 잊어버렸어요.	我忘记了怎么操作。
컴퓨터로 뭘 만들고 있어요?	你在用电脑做什么呢?
프레젠테이션용 자료를 만들고 있어요.	我在做一些会议上要用的资料。
오늘 프레젠테이션 준비 다 됐나요?	今天的会议都准备好了吗?
서류를 또 고쳐야 하나요?	文件还需要修改吗?
인터넷을 이용하고 싶어요.	我想上网。
인터넷에서 찾아보는 게 어때요?	你在网络上找找看怎么样。
저는 인터넷에서 이 정보를 수집했어요.	我是在网络上搜集的这个信息。
존슨 씨에게 이메일을 보냈어요.	我给约翰逊先生发了伊妹儿。
자세한 내용은 이메일로 알려드릴게요.	详细的内容我给你发伊妹儿。
저한테 온 이메일을 확인할 수 있나요?	我能确认一下发给我的伊妹儿吗?
이메일에 첨부된 파일을 열 수 없군요.	我打不开你伊妹儿上的附加文件。
당신 회사의 웹 사이트가 있나요?	你有公司网站吗?
저희 홈페이지에 들어오신 적이 있나요?	你到我们的网页看过吗?
자세한 내용은 저희 홈페이지를 참조하세요.	详细的内容请参照我们的网页。
팩스를 보낼 수 있을까요?	可以发传真吗?
제 앞으로 팩스 들어온 게 있나요?	有没有发给我的传真?
이 복사기는 고장 났어요.	这个复印机出毛病了。
수리하는 사람 좀 바로 불러주실래요?	请马上叫修理的人好吗?
이걸 어떻게 사용하는지 모르겠군요.	这个我不知道怎么用。
주요기능에 대해 설명해 드릴게요.	我来说明一下主要功能。
제품의 세부적인 내용에 대해 설명해 드릴게요.	我来详细介绍一下这个产品。

21 day 우체국에서

우표는 어디에서 파나요?	哪里卖邮票啊。
빠른우편으로 부치면 얼마인가요?	寄快件多少钱啊?
이 편지에 얼마짜리 우표를 붙여야 해요?	这封信应该用多少钱的邮票啊?
1달러짜리 우표 5장 주세요.	请给我五张一美金的邮票。
보통우편으로 보내 주세요.	请寄一般邮件。
빠른우편으로 부치고 싶어요.	我想寄快件。
이 엽서를 한국으로 보내고 싶어요.	我想把这张明信片寄到韩国去。
한국까지 선박편으로 보내주세요.	请用船运寄到韩国。
모두 항공편으로 보내 주세요.	请全部寄航空快件。
언제 도착하나요?	什么时候到啊?
이 편지를 등기로 해주세요.	这封信请寄挂号。
한국으로 부쳐주실 수 있나요?	能给寄到韩国吗?
요금은 얼마인가요?	邮费是多少啊?
이 소포를 한국에 보내고 싶어요.	我想把这个包裹寄往韩国。
여기서 소포용 박스를 파나요?	这儿有卖装包裹的纸箱吗?
이 소포의 무게를 달아주실래요?	请称称这个包裹的重量, 好吗?
소포에 무엇이 들어 있나요?	包裹里边装有什么啊?
깨질 만한 것은 없나요?	有没有容易破碎的物品啊?
소포를 보험에 들어주세요.	请将你的包裹加入保险吧。
언제 거기에 도착할 수 있을까요?	那个什么时候会到啊?
보통 4~5일 걸립니다.	一般需要四到五天的时间。
전보를 치고 싶어요.	我想发电报。

한국으로 전보를 치고 싶어요.　　我想往韩国发电报。

긴급 해외전보를 부탁해요.　　我要往国外发紧急电报。

이 근처에 우체국이 있나요?　　这儿附近有邮局吗？

몇 시에 문을 닫나요?　　请问几点关门？

우체통은 어디에 있나요?　　哪里有邮筒啊？

판매용 기념우표가 있나요?　　有用于销售的纪念邮票吗？

22 day 은행에서

예금하려고 해요.　　我要存款。

돈을 찾고 싶어요.　　我要取钱。

예금을 인출하고 싶어요.　　我要把钱取出来。

돈을 어떻게 드리면 될까요?　　怎么样给你钱啊？

현금으로 드릴까요, 수표로 드릴까요?　　给你现金还是支票？

현금으로 주실 수 있나요?　　能给我现金吗？

오늘 환율은 어떤가요?　　今天的汇率是多少啊？

환전 수수료는 얼마인가요?　　兑换手续费是多少？

이 달러를 인민폐로 바꿔주세요.　　请把美金换成人民币。

이 여행자수표를 현금으로 바꾸고 싶어요.　　我想把这旅行支票换成现金。

지폐를 동전으로 바꿔주시겠어요?　　请把纸币换成硬币好吗？

이것을 잔돈으로 바꿀 수 있나요?　　这个可以换成零钱吗？

고액권으로 드릴까요, 소액권으로 드릴까요?　　你要大额的还是小额的。

통장을 개설하고 싶어요.　　我想开个帐户。

어떤 예금을 원하세요?　　你想开什么样的帐户啊？

이자는 어느 정도 되나요?　　利息有多少啊？

예금을 해약하려고 해요.　　我想把存款全部取出来。

이 양식을 작성해 주세요.	请填写一下这个表格。
어떻게 돈을 인출하나요?	怎么取钱啊?
어떻게 입금을 하나요?	怎么样入款啊?
여기에 당신카드를 넣어주세요.	请把你的卡插入这里边。
비밀번호를 입력하세요.	请输入密码。
승인을 눌러주세요.	请按承认键。
신용카드를 신청하려고 해요.	我想申请一张信用卡。
신용카드가 언제 발급이 되나요?	信用卡什么时候能取啊?
대출을 받을 수 있을까요?	我能申请贷款吗?
대출 받는 데 얼마나 걸릴까요?	申请贷款需要多久啊?
주택융자를 받을 수 있을까요?	我能够申请住房贷款吗?

23 day 쇼핑센터에서

기념품 가게는 어디에 있나요?	请问哪里有纪念品店啊?
가전제품 매장은 어디에 있나요?	请问家用电器在哪儿卖?
그냥 구경하는 거예요.	我只是看看而已。
마음에 드는 게 없네요. 다음에 올게요.	没有看好的。我下回再来。
영업시간이 어떻게 되세요?	请问一下营业时间?
저희는 7시까지 영업해요.	我们营业时间到七点。
지금 세일 기간인가요?	请问现在是减价期间吗?
한 번에 많이 사면 값이 좀 싼가요?	一次多买的话会便宜点儿吗?
다른 모델이 있나요?	有没有其他的款式?
같은 디자인으로 다른 색상이 있나요?	同样的款式有其他颜色吗?
입어보는 곳이 어디에 있어요?	请问试衣室在哪儿?
너무 꽉 끼는데요. 한 사이즈 큰 게 있나요?	太紧了。有没有大一号的?

도금한 건가요?	是镀金的吗？
이것은 얼마인가요?	这个多少钱啊？
모두 얼마인가요?	一共多少钱啊？
예상보다 비싸네요.	比预想的要贵。
좀 깎아주시겠어요?	请便宜一点儿吧？
현금으로 지불할게요.	我要付现金。
신용카드도 받나요?	可以用信用卡支付吗？
할부로 구입할 수 있어요?	可以分期付款吗？
거스름돈이 안 맞는 것 같아요.	你好像找错钱了。
따로따로 포장해 주세요.	请分开包装。
선물용으로 포장해 주세요.	我要送礼，请包得好看一些。
제 호텔로 배달해 주세요.	请送到我住的饭店。
다른 것으로 교환할 수 있나요?	可以换别的吗？
치수를 바꿔주세요.	请给我换尺寸。
이것을 환불받고 싶어요.	我想要退货。
제대로 작동이 안 되는군요.	不能正常使用。

24 day 식당에서

오늘 밤 7시에 예약하고 싶어요.	我要预定今晚七点。
7명이 앉을 만한 자리가 있나요?	有七个人坐的席位吗？
6시에 이수진 이름으로 예약했는데요.	六点以李秀真的名字预定的。
유감스럽지만, 예약을 취소해야 할 것 같아요.	很抱歉，我要取消预约。
오늘 밤 8시에 예약했는데요.	预定的是今晚八点。
창가 쪽 자리에 앉을 수 있을까요?	能坐靠窗的位子吗？
더 큰 테이블은 없나요?	有没有再大一点的桌子？

일행이 몇 분이나 되세요?   一行有几个人?

이 식당은 무엇을 잘하나요?   这家餐厅的拿手菜是什么?

오늘의 특별요리가 있나요?   今天有特别料理吗?

가장 빨리 되는 요리가 뭔가요?   做得最快的料理是什么?

여기요, 주문 받으세요.   劳驾，我要点菜。

같은 걸로 하겠어요.   我要一样的。

왜 우리 음식이 안 나와요?   我们的饭菜怎么还不上啊?

이건 제가 주문한 요리가 아닌데요.   这不是我点的菜呀。

음식이 덜 익었어요.   食物还没太熟。

냅킨 좀 더 갖다 주세요.   请再给拿点儿餐巾纸。

테이블이 좀 더럽군요. 다시 닦아주세요.   桌子有点儿脏。请再擦一擦。

메뉴를 다시 갖다 주세요.   请再把菜单拿给我。

남은 음식은 좀 싸주세요.   吃剩的饭菜就请打包吧。

음식이 아주 맛있군요.   饭菜非常好吃。

오늘 아주 잘 먹었어요.   今天我吃得很好。

이렇게 잘 먹었던 적이 없었어요.   我从来没有吃过这么多。

저는 음식을 가리지 않아요.   我不挑食。

여기요, 계산서 좀 주시겠어요?   小姐，我要买单。

이 요금은 무엇인가요?   这是什么费用啊?

제가 계산할게요. 다음에 사세요.   我来付款。下回你再付吧。

25 day 편의&오락시설 이용

세트 메뉴는 뭐가 있나요?   套餐都有什么啊?

치즈버거 주세요.   我要奶酪汉堡。

보통 사이즈로 드릴까요, 큰 사이즈로 드릴까요?   您要大的还是小的?

감자튀김 주세요.	我要炸土豆条。
케첩을 좀 더 주세요.	再给点儿蕃茄酱。
콜라 한 잔 주세요.	请给我一杯可乐。
여기서 드시겠어요, 아니면 가져가시겠어요?	在这里吃还是拿走?
포장해 주세요.	请给我打包。
음료 리필은 무료인가요?	饮料续杯是免费的吗?
이 근처에 디스코텍이 있나요?	这儿附近有迪斯科舞厅吗?
우리 나이트 가서 춤춰요.	我们去夜总会跳舞吧。
저는 카지노에 가본 적이 없어요.	我没去过赌场。
초보자에게 좋은 게임은 뭔가요?	对于新手来说什么样的游戏好呢?
어떤 걸로 마실래요?	你想喝什么酒?
당신이 마시는 게 뭔가요?	你喝的什么酒啊?
저는 얼음 넣은 위스키 한 잔 주세요.	我要一杯加冰块儿的威士忌。
맥주 한 병 더 주세요.	再给我一瓶啤酒。
한국 소주 마셔본 적 있어요?	你喝过韩国的烧酒吗?
자, 건배해요!	来，干杯!
여긴 제가 가장 좋아하는 술집 중 하나예요.	这里是我最喜欢的一家酒吧。
맥주 한 잔 더 드실래요?	要不要再喝杯啤酒?
2차 갑시다!	我们再去别的地方吧!
술이 점점 취하는 것 같아요.	我想我是醉了。
너무 많이 마신 것 같군요.	我想我喝得太多了。
술 마시는 거 좋아하세요?	你喜欢喝酒吗?
네, 술 마시는 거 아주 좋아해요.	对，我很喜欢喝酒。
그는 술을 매우 잘 마셔요.	他很能喝酒。
저는술을 잘 못해요.	我不太能喝酒。

진료예약을 하고 싶어요. 　我想要预约看医生。

언제 진료 받을 수 있나요? 　什么时候可以看医生啊?

왕 박사님께 진찰 예약을 하고 싶어요. 　我想预约王医生看。

의료보험증을 가져오셨어요? 　你带来了医疗保险卡吗?

어디가 어떻게 안 좋으신가요? 　你哪里怎么不舒服啊?

이렇게 아프신 지 오래되셨어요? 　这样的疼痛持续很久了吗?

여기를 누르면 아프신가요? 　按这儿疼吗?

몸살이 났어요. 　我全身疼痛。

배가 아파요. 　我肚子疼。

열이 많이 났어요. 　我发了高烧。

속이 쓰리고 소화가 안돼요. 　我胃痛而且消化不好。

식중독인 것 같아요. 　看来是食物中毒。

감기 증상이 있어요. 기침을 하고 콧물이 나와요. 　我有点儿感冒。咳嗽还流鼻涕。

팔이 부러진 것 같아요. 　我的胳膊好像骨折了。

저는 한 달간 깁스를 해야 해요. 　我要打一个月的石膏。

허리를 삐었어요. 　我扭伤了腰。

칼로 손가락을 베였어요. 　我用刀给手指头割破了。

깨진 유리 조각을 밟았어요. 　我踩到了碎玻璃片。

잇몸이 부었어요. 　我牙龈肿起来了。

잇몸에서 피가 나요. 　我牙龈出血了。

스케일링 하러 왔어요. 　我来洗牙。

아침에 눈에서 눈곱이 많이 껴요. 　早晨眼睛里有很多眼屎。

눈이 아주 간지러워요. 　眼睛很痒痒。

처방대로 약을 지어주세요.   请按照处方给我开药吧。

식후 30분에 복용하세요.   要在饭后三十分服用。

아스피린 좀 주세요.   请给我阿斯匹林。

감기약을 사려고 해요.   我要买感冒药。

반창고와 붕대 좀 사려고 해요.   我要买胶布和绷带。

27 day 세탁소에서

이 옷을 다림질해 주세요.   请把这件衣服熨一下。

이 바지를 다리고 싶어요.   我想熨烫这条裤子。

이 정장을 세탁하고 다려주세요.   这套制服先干洗, 然后熨烫一下。

이 양복 금요일까지는 세탁해주셔야 해요.   这套西装到星期五要干洗完。

드라이클리닝을 부탁해요.   我想干洗衣服。

이 옷 드라이클리닝 해주세요.   这件衣服要干洗。

코트를 드라이클리닝 하고 싶어요.   这件大衣我要干洗。

주의할 점은 뭔가요?   需要注意的地方是什么啊?

드라이클리닝 하려면 며칠이 걸리죠?   干洗衣服需要几天?

제가 양복에 와인을 쏟았어요.   我把葡萄酒洒到西装上了。

그건 세탁소에 보내는 게 안전할 것 같군요.   还是把它拿到洗衣店安全。

얼룩 좀 제거해 주세요.   请把污垢去干净。

제 정장이 손상되는 일은 없겠죠?   我的西装不会给弄坏吧?

제 세탁물 다 됐어요?   我的洗衣物都弄好了吗?

세탁물을 찾으러 왔어요.   我来取我的衣物。

여기 제 세탁확인증이에요.   这是我的洗衣证。

얼룩이 빠지지 않았어요.   污垢没有去掉。

언제 찾아갈 수 있어요?   什么时候可以来取啊?

옷이 줄어들지는 않겠죠?   衣服不会缩短吧？

언제 다 될까요?   什么时候可以弄好啊？

카펫도 세탁할 수 있나요?   地毯也可以洗吗？

호텔 안에 세탁소가 있나요?   饭店内有洗衣店吗？

옷 수선도 해주시나요?   也给改衣服吗？

바지를 좀 줄여주세요.   请把我的裤子给改短一点。

치마 길이를 좀 줄여주세요.   请把裙子的长度给弄短一点。

치마를 좀 늘려주세요.   请把我的裙子给改长一点。

지퍼가 떨어졌어요, 갈아주세요.   拉链掉了，请给换一下。

죄송하지만, 수선해드릴 수 없네요.   不好意思，我不能给你改。

28 day 미용실에서

어떤 헤어스타일을 원하세요?   你要做什么样的发型？

머리를 좀 풍성하게 하고 싶어요.   我想让头发显得再多一点。

저는 보통 머리를 묶고 다녀요.   我通常把头发扎起来。

저는 왼쪽으로 가르마를 타는데요.   我的头发是左分头。

저는 머리숱이 너무 많아요.   我的头发很多。

저는 헤어스타일을 바꾸고 싶어요.   我想改换发型。

어떻게 잘라드릴까요?   你想怎么剪头发啊？

그냥 다듬어 주세요.   只是修剪修剪吧。

머리를 짧게 자르고 싶어요.   我要剪得短一点。

스포츠형으로 잘라주세요.   请给我剪短发。

사진들을 좀 볼 수 있어요?   我可以看些照片吗？

끝에 몇 인치 정도만 잘라주세요.   请稍微剪几英寸。

어깨 길이로 잘라주세요.   请剪到肩部。

너무 많이 자르지 마세요.	别剪得太多。
파마를 해주세요.	我要烫发。
어떤 파마를 원하세요?	你要烫什么样的发型啊？
매직을 해주실래요?	我要拉直头发。
파마를 약하게 해 주세요.	请烫得轻一点儿。
생각하신 헤어스타일 있으세요?	你有想要做的发型吗？
사진의 여자배우처럼 해주세요.	要做得跟照片里的女演员一样。
머리를 염색하고 싶어요.	我要染发。
갈색으로 염색하시겠어요?	你要不要染褐色？
어떤 색으로 염색하실래요?	你要染什么颜色的？
머리를 검게 염색해 주세요.	我要把头发染成黑色。
어디서 머리를 염색했어요?	你是在哪里染的头发呀？
머리를 드라이해 주세요.	我要吹吹头发。
머리를 세팅해 주세요.	我要做头发。
머리를 감아 주세요.	请给我洗洗头。
헤어스타일이 마음에 드는군요.	你给我做的发型我喜欢。

29 day 부동산중개소에서

임대할 집을 찾고 있어요.	我在找要租住的房子。
어느 정도의 집을 찾고 계세요?	你要租什么样的房子？
학교에서 가까운 곳을 원해요.	我要租离学校近的房子。
지하철에서 가까운 집이 있나요?	有没有离地铁站近的房子啊？
이 아파트는 방이 몇 개인가요?	这套公寓有几个房间啊？
전세와 월세 임대가 있어요.	有全租和月租。
지금 집을 볼 수 있나요?	现在可以看房子吗？

이 집은 햇빛이 잘 들어요.	这个房子阳光充足。
교통은 어떤가요?	交通状况怎么样啊?
저희 동네는 집세가 아주 비싸요.	我们这个区域房子的租金很贵。
아주 튼튼한 집이에요.	这个房子非常坚固。
쓸 만해 보이는군요.	看来还不错。
취사는 가능한가요?	我可以自己烧饭菜吃吗?
샤워는 어디서 할 수 있나요?	在哪儿洗澡啊?
임대료는 얼마인가요?	租金是多少啊?
언제 이사 올 수 있을까요?	我什么时候可以搬进来住啊?
월세는 어떻게 내죠?	月租金怎么付啊?
월세는 매월 1일에 내시면 돼요.	月租金在每个月的一号付就行了。
계약 기간은 얼마인가요?	租赁期限是多久啊?
계약하겠어요.	我要签合约。
이 아파트를 임대할게요.	我要租这套公寓。
계약서에 서명해 주시겠어요?	请你在和约书上签名。
제가 어디에 서명하죠?	我在哪里签名啊?
이삿짐은 모두 쌌어요?	搬家行李都收拾好了吗?
혼자 이삿짐을 다 쌌어요.	我自己把行李都收拾好了。
저는 이삿짐 대행회사에 맡겼어요.	我托付给搬家公司了。
수도꼭지가 고장 났어요.	水龙头坏了。
가스는 언제 공급되나요?	煤气什么时候给啊?
집들이 언제 할 거예요?	什么时候庆祝乔迁之喜呀?

30day 경찰서&공공기관에서

| 응급상황이에요! | 这是紧急情况! |

정말 급해요, 구급차를 불러주세요.	我很急，请帮我叫救护车。
한국대사관에 연락해 주세요.	请给韩国大使馆打电话。
여권을 잃어버렸어요.	我的护照不见了。
신용카드를 잃어버렸어요.	我把信用卡给丢了。
지갑을 도난당했어요.	我的钱包给人偷走了。
분실물은 어디에 물어봐야 해요?	丢失物品应该去哪儿问?
어디서 분실했는지 모르겠어요.	我不知道是在哪儿丢的。
경관님, 제 아이가 없어졌어요.	警察先生，我的孩子不见了。
택시에 짐을 놓고 내렸어요.	我把行李丢在出租车上了。
누군가에게 소매치기를 당했어요.	我被人给偷了。
저는 이 사고와 관련이 없어요.	我跟这个事故没有关系。
화재 신고를 하려고 해요.	我要报火灾。
교통사고를 신고하려고 해요.	我要将这个交通事故报警。
다친 사람이 있어요.	有人受伤了。
제 친구 머리에서 피가 나요.	我朋友的头上流血了。
교통사고를 당했어요.	我被车给撞了。
담당 부서를 알려주시겠어요?	请问主管部门在哪儿?
어느 분이 이 업무를 담당하세요?	哪位主管这项工作啊?
여권을 재발급 받으러 왔어요.	我来补办护照。
제가 작성해야할 서류가 뭔가요?	我要填写的文件是哪一个啊?
왜 이렇게 오래 걸리나요?	怎么这么长时间啊?
이 책이 있는지 확인해 주십시오.	请看一下有没有这本书。
이 책들을 대출하고 싶은데요.	我想借这些书。
이 책을 대출할 수 있나요?	我可以借支这本书吗?
대출 기간은요?	借阅期限是多长时间啊?
한 번에 몇 권을 대출할 수 있나요?	一次能借几本啊?
이 책을 어디에 반납해야 하나요?	这本书应该还到哪儿啊?